*Ingo Stock*

# 111 Orte im Teutoburger Wald, die man gesehen haben muss

111

emons:

**Bibliografische Information der Deutschen Nationalbibliothek**
Die Deutsche Nationalbibliothek verzeichnet diese Publikation in der Deutschen Nationalbibliografie; detaillierte bibliografische Daten sind im Internet über http://dnb.d-nb.de abrufbar.


Layout: Eva Kraskes, nach einem Konzept
von Lübbeke | Naumann | Thoben
Kartografie: altancicek.design, www.altancicek.de
Kartenbasisinformationen aus Openstreetmap,

Druck und Bindung: Hitzegrad Print Medien & Service –
Lensing Druck Gruppe, Feldbachacker 16, 44149 Dortmund
Printed in Germany 2017
ISBN 978-3-95451-859-3
Aktualisierte Neuauflage April 2017

# Vorwort

An manchen Tagen versinken sie im Blitzlichtgewitter. Das stolze Hermannsdenkmal und die mythenumrankten Externsteine gehören zweifellos zu den Stars im Teutoburger Wald und den meistbesuchten Plätzen Nordrhein-Westfalens. Orte wie das LWL-Freilichtmuseum in Detmold, die Bielefelder Sparrenburg und die Dörenther Klippen bei Ibbenbüren ziehen Jahr für Jahr ebenfalls viele Besucher in ihren Bann. Die den Osning durchquerenden Hermannshöhen mit Hermannsweg und Eggeweg zählen zu den beliebtesten und schönsten Weitwanderwegen Deutschlands. Auch ein weiterer echter Publikumsmagnet, der Osnabrücker Zoo, liegt vor den Toren des Teutoburger Waldes.

Entlang des über 100 Kilometer langen Waldgebiets, das sich wie ein Band vom westfälischen Hörstel über die Südspitze Niedersachsens bis ins lippische Horn-Bad Meinberg erstreckt, lassen sich aber auch eine Unmenge spannender, geschichtsträchtiger, sagenumwobener, skurriler und denkwürdiger Orte entdecken, die allgemeinhin wenig bekannt sind. Diesen Orten widmet sich dieses Buch ganz besonders.

Wer den Teutoburger Wald mit offenen Augen durchstreift, kann uralte Kulturdenkmäler, versteckte Aussichten, geheimnisvolle Gewässer, Dinosaurierfährten und sogar ein versunkenes Wattenmeer aufspüren. Mythenumrankte Hölzer und andere Wurzeln tragende Irrlichter lassen nicht nur das Herz des Pflanzenfreundes höherschlagen. Außergewöhnliche Kunstwerke, einzigartige Museen und wenig bekannte Superlative laden nahezu überall im Waldgebiet zum Staunen ein. An manchen Orten lässt sich die Dramaturgie einer schicksalhaften Vergangenheit erfühlen. Gaststätten, in denen weit mehr als Speis und Trank geboten wird, sind keine Seltenheit.

Genießen Sie die Reize einer stimmungsvollen, magischen und manchmal auch nachdenklich stimmenden Landschaft.

*Ingo Stock*

# 111 Orte

1___ Das Dünenfeld | Augustdorf
*Die ältesten Binnendünen Nordwestdeutschlands* | 10

2___ Der kleine Ehrenfriedhof | Augustdorf
*Die sinnlose Schlacht um die Dörenschlucht* | 12

3___ Die Decke des Rittersaals | Bad Iburg
*Perspektivische Scheinarchitektur real erleben* | 14

4___ Der Grenzsteinkreis am See | Bad Iburg
*Verlust-Prophylaxe in Zeiten des Steinschwunds* | 16

5___ Das Uhrenmuseum | Bad Iburg
*Die größte Taschenuhr der Welt* | 18

6___ Der Zeppelinstein | Bad Iburg-Glane
*Das unvergessliche Luftschiff* | 20

7___ Die Piepsteinplätze | Bad Laer
*Auf den Spuren eines außergewöhnlichen Gesteins* | 22

8___ Die Stele am Glockensee | Bad Laer
*Die Stadtgeschichte im Baum* | 24

9___ Die Predigerlinde | Bad Laer-Hardensetten
*… und andere wunderliche Orte am Kalvarienberg* | 26

10___ Das Dreiländereck | Bad Laer-Müschen
*Das Schmuggler-Eldorado der Unkemänner* | 28

11___ Der Lehrplanetenweg | Bad Lippspringe
*Auf der Suche nach den Sternen* | 30

12___ Die Nebelwiese | Bad Lippspringe
*Niederschlag bei jedem Wetter* | 32

13___ Die Himmelsfundamente | Bad Rothenfelde
*Mayaphilosophien auf dem Heristo-Kreisel* | 34

14___ Die Mühle auf dem Gradierwerk | Bad Rothenfelde
*Windkunst auf der Superlativen-Saline* | 36

15___ Der Solarpark in Strang | Bad Rothenfelde
*Wo die Menschen unter Palmen tanzten* | 38

16___ Das Café im Lenkwerk | Bielefeld
*Wohlverdiente Pause für Oldtimer-Enthusiasten* | 40

17___ Das Deutsche Fächermuseum | Bielefeld
*Der Fächer, einst steter Begleiter der Frau* | 42

18___ Das Etagenzwiebelbeet | Bielefeld
*Im Bauernhausmuseum wachsen historische Pflanzen* | 44

19 Das Sparrenmobil | Bielefeld
*Sonntagsausflug mit der Lokomotivattrappe* | 46

20 Der Halleluja-Steinbruch | Bielefeld-Gadderbaum
*Ungetrübte Kletterfreude – wenn die Eule es erlaubt* | 48

21 Das Haus Salem | Bielefeld-Gadderbaum
*Entdeckungsreise am Ort des Friedens* | 50

22 Die Waterbör-Waldkirche | Bielefeld-Senne
*Open-Air-Gottesdienste auch für Vierbeiner* | 52

23 Der Eiserne Anton | Bielefeld-Stieghorst
*Der etwas andere Aussichtsturm* | 54

24 Der Brunnen der Ravensburg | Borgholzhausen
*Mythenumrankt und sagenhaft tief* | 56

25 Die geheimnisvollen Steine | Borgholzhausen
*Legendentreffen im Märchen-Geo-Garten* | 58

26 Die Großammoniten | Borgholzhausen
*Die weltweit größte Ansammlung im Heimathaus* | 60

27 Das Ladencafé Schulze | Borgholzhausen
*Lebkuchen das ganze Jahr* | 62

28 Onkel Ron's Lädchen | Borgholzhausen (und andere Städte)
*Holländische Frische für alle Waldbewohner* | 64

29 Der alte Milchpilz | Borgholzhausen-Oldendorf
*Einer der letzten seiner Art* | 66

30 Die Adolfstraße | Detmold
*Wo die Fachwerkhäuser auf der Stadtmauer sitzen* | 68

31 Die Altenbernd-Gedenktafel | Detmold
*Die Inschrift, die zum Singen verführt* | 70

32 Die Alte Pauline | Detmold
*Die wunderliche Karriere einer Kinderbewahranstalt* | 72

33 Fußballgolf | Detmold
*Freizeitspaß für kleine und große Helden* | 74

34 Hermanns linker Fuß | Detmold
*Wo man dem Römerschreck am nächsten ist* | 76

35 Die Riesendonut-Bank | Detmold
*Süße Mittagspause ohne Reue* | 78

36 Der Dreiflussstein | Detmold-Hiddesen
*Wo das Wasser sich entscheiden muss* | 80

37 Das Hiddeser Bent | Detmold-Hiddesen
*Das letzte lebende Hochmoor* | 82

38 Der Fernmeldeturm Dissen | Dissen
*Schweißtreibender Traumblick* | 84

39___ König und Narr | Dissen
*Das höchste Keramikskulpturenpaar* | 86

40___ Das Tortencafé | Dissen-Aschen
*Kuchen to go auf freiem Feld* | 88

41___ Die Kalksinterterrassen | Dissen-Nolle
*Das verborgene Juwel* | 90

42___ Das Hagioskop | Georgsmarienhütte-Kloster Oesede
*Die wundernahe Lepraspalte in St. Johann* | 92

43___ Gauß'scher Vermessungsstein | Georgsmarienhütte-Oesede
*Mathematikunterricht auf dem Dörenberg* | 94

44___ Das orientalische Bad | Georgsmarienhütte-Oesede
*Die überraschenden Schätze der Villa Stahmer* | 96

45___ Der Borgberg | Hagen (am Teutoburger Wald)
*Ein malerischer Rundweg am Sagenberg* | 98

46___ Die Schöne aus Marienhöhe | Hagen (am Teutoburger Wald)
*Eine von sieben verschollenen Kirschsorten* | 100

47___ Der Silbersee im Hüggel | Hagen (am Teutoburger Wald)
*Das unterirdische Wattenmeer* | 102

48___ Das Töpfereimuseum | Hagen (am Teutoburger Wald)
*Die umfangreichste Keramiksammlung Norddeutschlands* | 104

49___ Die Alte Lederfabrik | Halle (Westfalen)
*Vorhang auf für die schillernde Künstlerwelt* | 106

50___ Das Haller Herz | Halle (Westfalen)
*Stille in der Mitte der Stadt* | 108

51___ Die Kaffeemühle | Halle (Westfalen)
*Der koffeinfreie Lustpavillon* | 110

52___ Die Waldgräber | Halle (Westfalen)
*Die geheimnisvollen Erbbegräbnisse am Lotteberg* | 112

53___ Der Hengeberg | Halle (Westfalen)-Ascheloh
*Der wilde Aufstieg zum Steinbruch der Haizähne* | 114

54___ Wasserschloss Tatenhausen | Halle (Westfalen)-Bokel
*Ein malerisches Kleinod* | 116

55___ Das Café Gute Stube | Hasbergen
*Generationenübergreifender Kuchenschmaus* | 118

56___ Der Augustaschacht | Hasbergen-Ohrbeck
*In Gedenken an dunkelste Taten* | 120

57___ Das ockergelbe Rathaus | Hilter (am Teutoburger Wald)
*Hilter Gelb ging um die Welt* | 122

58___ Der Uphöfener Berg | Hilter (am Teutoburger Wald)-Borgloh
*Deutschlands nördlichste Bergrennstrecke* | 124

59___ Die Gaststätte Kayüte | Horn-Bad Meinberg
*Das Seemannsheim am Kurpark* | 126

60___ Die privilegirte Apotheke | Horn-Bad Meinberg
*Drogenhandel anno 1739* | 128

61___ Der Barnacken | Horn-Bad Meinberg-Holzhausen-Externsteine
*Überraschung am höchsten Teuto-Berg* | 130

62___ Die zwei Drachen | Horn-Bad Meinberg-Holzhausen-Externsteine
*Ungeheuerliches aus der Welt der Externsteine* | 132

63___ Die Hexenhöhle | Hörstel-Bevergern
*Die Walpurgisnacht und der letzte Berg im Westen* | 134

64___ Das Kunsthaus-Kloster | Hörstel-Gravenhorst
*Die unorthodoxen Erben der Championzucht* | 136

65___ Das Doktor's Lock | Hörstel-Riesenbeck
*In der sagenumwobenen Kaiserei* | 138

66___ Die Himmelsleiter | Hörstel-Riesenbeck
*256 Stufen bis zum Himmelreich* | 140

67___ Das Kaltwasseraquarium | Ibbenbüren-Dörenthe
*Deutschlands größte Anlage im NaturaGart-Park* | 142

68___ Der Loismann-Garten | Ibbenbüren-Dörenthe
*Das lauschige Zuhause der exotischen Baumgiganten* | 144

69___ Die Freizeit-Zwerge | Ibbenbüren-Lehen
*Die stillen Beobachter an der Sommerrodelbahn* | 146

70___ Die Zeche Anthrazit | Ibbenbüren-Schafberg
*Nicht nur das Bergbaumuseum wird bleiben* | 148

71___ Die Johannissteine | Lage
*Der geheimnisvolle Felsenkalender* | 150

72___ Der literarische Wanderweg | Lage-Hörste
*Mit den Augen träumen* | 152

73___ Das Trollhaus | Lage-Hörste
*Vorsicht im Reich der Waldgeister* | 154

74___ Der Wildkatzenpfad | Lage-Hörste
*Auf den Spuren der stählernen Räuber* | 156

75___ Der Jones-Garten | Lengerich
*Die bunte Gemeinschaft im ALVA-Skulpturenpark* | 158

76___ Der Lengericher Canyon | Lengerich
*Vom Steinbruch zur Naturschönheit* | 160

77___ Der Zwischenfall | Lengerich
*Wunderlicher Brunnen auf geweihtem Grund* | 162

78___ Das Megalithgrab | Lengerich-Wechte
*Bestattungskultur vor 5.000 Jahren* | 164

79___ Das Gut Eckendorf | Leopoldshöhe-Schuckenbaum
*Malerische Gräften und Lippes dickster Baum* | 166

80___ Das Heckentheater | Lienen-Kattenvenne
*Ein spiritueller Gartenspaziergang* | 168

81___ Der Beutling | Melle-Wellingholzhausen
*Die kleine Ausflugskuppe für Verliebte* | 170

82___ Der Blaue See | Melle-Wellingholzhausen
*Kein Blau, kein See – und dennoch wunderschön* | 172

83___ Abschied im Weberpark | Oerlinghausen
*Ein Moment der Innigkeit* | 174

84___ Das Freilichtmuseum | Oerlinghausen
*Zwischen Knüppelzäunen und Rentierjägern* | 176

85___ Die Hünenkapelle | Oerlinghausen
*Unendliche Geschichten und eine Prise Magie* | 178

86___ Die Kumsttonne | Oerlinghausen
*Als die Windmühle ihre Flügel verlor* | 180

87___ Die Waldweiden | Oerlinghausen
*Aug in Aug mit dem Hochlandrind* | 182

88___ Die Tiger-Tempelanlage | Osnabrück-Nahne
*Bewegende Schatten im Osnabrücker Zoo* | 184

89___ Die Fluchtburg Iktomia | Osnabrück-Sutthausen
*Kunst, Mythos und Genuss am Bahnhof Sutthausen* | 186

90___ Der Hohlesteinwald | Schlangen-Kohlstädt
*Sprechende Bäume, schweigende Wichtelweiblein* | 188

91___ Die Lerchenspornblüte | Schlangen-Kohlstädt
*Der Frühlingstage bunte Pracht* | 190

92___ Die Fürstenallee | Schlangen-Oesterholz-Haustenbeck
*Wo schon Karl der Große flanierte* | 192

93___ Haustenbeck | Schlangen-Oesterholz-Haustenbeck
*Die untergegangene Siedlung an der Lindenallee* | 194

94___ Das Furlbachtal | Schloß Holte-Stukenbrock
*Märchenurwald und ein Bach auf weißem Samt* | 196

95___ Die Insel in der Moosheide | Schloß Holte-Stukenbrock
*Der leise Kraftort an der Emsquelle* | 198

96___ Der Obelisk | Schloß Holte-Stukenbrock
*Mahnmal am Ehrenfriedhof für sowjetische Kriegstote* | 200

97___ Die tausendjährige Eiche | Schloß Holte-Stukenbrock
*Der Wappenwunderbaum gegen Alzheimer* | 202

98___ Das Historische Museum | Steinhagen
*Die Geschichte des berühmten Wacholderbranntweins* | 204

99 Das Rock 'n Blues Rasthouse | Steinhagen-Amshausen
*Leberblümchen meets Rock 'n' Roll – and special guests* | 206

100 Das Kaffee Hexenbrink | Steinhagen-Brockhagen
*Das urige Bauerncafé in der Patthorst* | 208

101 Die Freilichtbühne | Tecklenburg
*Deutschlands größtes Freilicht-Musiktheater* | 210

102 Die Hexenküche | Tecklenburg
*Die Fußabdrücke des Bösen* | 212

103 Das Otto-Modersohn-Museum | Tecklenburg
*Als ein Worpsweder Maler den Osning entdeckte* | 214

104 Das Puppenmuseum | Tecklenburg
*Weit mehr als kostbares Spielzeug* | 216

105 Die Wellentreppe | Tecklenburg
*Der steile Weg zur Waschmaschine* | 218

106 Der Fledermauspfad | Tecklenburg-Brochterbeck
*Mythenumrankte Orte zwischen leblosen Tieren* | 220

107 Der Arroder Bauernjunge | Werther (Westfalen)
*Fehlende Wertschätzung auf dem Böckstiegel-Pfad* | 222

108 Das Haus Werther | Werther (Westfalen)
*Die alte Ritterburg und der blaue Dunst* | 224

109 Das Kaufmannshaus | Werther (Westfalen)
*Die Fährten der süßen Verführung* | 226

110 Die Ravensberger Straße | Werther (Westfalen)
*Der Kastanienbartling und andere Überraschungen* | 228

111 Die Arminiusquelle | Werther (Westfalen)-Isingdorf
*Als das Wasser seine Fassung verlor* | 230

# 1 Das Dünenfeld

*Die ältesten Binnendünen Nordwestdeutschlands*

Die Augustdorfer Dünen erinnern auf den ersten Blick an eine vertraute Dünenidylle am Meer. Und tatsächlich: An der Stelle, wo heute Augustdorf liegt, und weit über diesen Ort hinaus lag vor 130 Millionen Jahren ein warmes Flachmeer. Es lagerte Sand ab, der sich allmählich verfestigte. Vor 70 Millionen Jahren bewirkten tektonische Kräfte dann die Auffaltung von Teutoburger Wald und Eggegebirge. Als schließlich vor 200.000 Jahren die über dem Gebiet liegenden Eismassen schmolzen, transportierte das Schmelzwasser große Mengen an Sand aus den Bergen in das südlich vorgelagerte Flachland. So entstand die Senne, in der sich wiederum zahlreiche Kleinlandschaften bildeten. Aus lockerem, vom Wind aufgewehtem Sand wurden Dünen, jenes aufgetürmte Gewoge aus Sandbergen, das sich wellenförmig und mit klaren Konturen vom Himmel abzeichnet. Die Dünen sind zweifellos die markanteste Landschaftsform der Senne.

Die bis zu zehn Meter hohen Dünen im Augustdorfer Dünenfeld gehören zu den ältesten Binnendünen Nordwestdeutschlands. Einen spannenden Überblick über das Naturschutzgebiet »Ölbachtal mit Augustdorfer Dünenfeld«, so die offizielle Bezeichnung des Areals, erhält man, wenn man dem fünf Kilometer langen Dünenpfad folgt. Dieser Rundweg entstand im Rahmen des geförderten Projekts »Dünen Leben« des Kreises Lippe und führt zu besonders markanten Landschaftspunkten im Gelände. Hierzu gehören auch das Landschaftspodest »Mäusegrund«, eine offene Heidefläche, die bis in die 1980er Jahre als Motocross-Strecke diente, und eine bis 1975 wirtschaftlich genutzte Sandgrube. Mit ihren Kleinstgewässern, Weidebüschen und Sandmagerrasen stellt sie heute ein Rückzugsgebiet für seltene Tierarten dar.

Als kreative Wegmarkierungen und Orientierungshilfen im Dünengelände wurden Sandsteine aufgestellt, Landschaftsschwellen aus Eichenbohlen weisen auf das Betreten außergewöhnlicher Landschaftsräume hin.

**Adresse** 32832 Augustdorf, Zugang vom Parkplatz am Gäste- und Seminarhaus der Jugendsiedlung Heidehaus, Dachsweg 1 | **Anfahrt** aus Richtung Bielefeld auf A 33 bis Abfahrt Schloß Holte-Stukenbrock, auf L 756 bis Stukenbrock, weiter über L 758 Richtung Augustdorf/Detmold, nach 4 Kilometern links auf Imkerweg, Hinweisschildern zum Dünenfeld folgen | **Tipp** In Augustdorf laden schöne, wenig begangene Rundwanderwege zum Entdecken der Sennelandschaft ein. Infos unter www.heimatverein-augustdorf.de.

# 2 Der kleine Ehrenfriedhof

*Die sinnlose Schlacht um die Dörenschlucht*

Dort, wo sich die Gemeindegrenzen von Detmold-Pivitsheide, Lage-Hörste und Augustdorf treffen, liegt am Rande eines wenig besuchten Schluchtwaldes ein denkwürdiger Ort: die Kriegsgräberstätte kleiner Ehrenfriedhof. Obwohl nur wenige Meter oberhalb der Grabstätte eine viel befahrene Landstraße verläuft, strahlt der Platz eine eigentümliche Ruhe aus. Man könnte den Ort als idyllisch bezeichnen, wären dort nicht die in zwei Reihen angeordneten Gräber, die ein mittig angelegter Weg verbindet. An seinem Ende steht ein Steinkreuz, dessen Inschrift nachdenklich stimmt: »Wanderer, verweile und sieh unsere Gräber und lasse dich mahnen. Tue das Deine zur Wahrung des Friedens.«

Auf keinem der mit steinernen Grabsteinen bestückten Ruhestätten gibt es Blumen oder Kerzen, lediglich an einigen Bäumen am Friedhofsrand wurden Herzen befestigt oder in die Borken graviert. Schaut man sich die Grabsteine näher an, sind auf manchen kurze Schriftzüge zu erkennen. Es sind die Namen deutscher Soldaten, die in den letzten Tagen des Zweiten Weltkriegs in der Schlacht um die Dörenschlucht ihr Leben verloren. Das verlustreiche Gefecht war eines der letzten des Krieges und der sinnlose Versuch, den Vormarsch der alliierten Truppen im Teutoburger Wald zu stoppen.

Es war Ostersonntag, der 1. April 1945, als sich eine amerikanische Panzerkolonne der lippischen Grenze näherte. Obschon die Deutschen an dieser Stelle nur noch wenige Soldaten zusammenziehen konnten und auch vom technischen Gerät her den Alliierten weit unterlegen waren, stellten sie sich in der Dörenschlucht den Angreifenden entgegen. Die Wehrmachtsführung war Adolf Hitlers wahnwitzigem Geheiß, keinen Fußbreit Boden freiwillig zu räumen, gefolgt. Bereits am 3. April nahmen amerikanische Einheiten die Dörenschlucht ein. Bei den Gefechten verloren 100 deutsche und sechs amerikanische Soldaten ihr Leben.

**Adresse** 32832 Augustdorf, unterhalb der Augustdorfer Straße zwischen Pivitsheide und Augustdorf | **Anfahrt** von der Augustdorfer Straße in die Quellenstraße (Navi: Detmold!) abbiegen, Parkplatz bei Einmündung des Hermannswegs am Campingplatz Quellental. Von dort Fußweg: über Forstweg (nicht Hermannsweg!) 300 Meter bergan, dann rechts (dort beschildert), Friedhof nach 150 Metern | **Tipp** Folgt man am Parkplatz dem Hermannsweg in Richtung Talsohle, trifft man nach 400 Metern auf die malerisch gelegenen Rethlager Quellen.

# 3 Die Decke des Rittersaals

*Perspektivische Scheinarchitektur real erleben*

Wer einmal in seinem Leben den griechischen Göttervater hautnah in seinen Elementen erleben möchte, sollte im Bad Iburger Schloss die Raummitte des Rittersaals aufsuchen und seine Augen zur Decke richten. Dort thront weit oberhalb der eigentlichen Raumdecke – so erscheint es zumindest – der in ein rotes Gewand gehüllte Zeus. Über seinem Haupt schwebt ein Blitze haltender Adler. Umrahmt wird das Gemälde gemäß den Vorstellungen in der griechischen Mythologie von den Heldentaten des Herakles.

Die Deckenmalerei im Rittersaal, einem prächtigen, mit kunstvollen Elementen aus dem Frühbarock ausgestatteten Raum, ist ein Meisterwerk der perspektivischen Scheinarchitektur. Es ist das einzige dieser Art nördlich der Alpen, das im Original erhalten ist. Es will den Betrachter glauben lassen, dass der Raum bis in den (göttlichen) Himmel reiche. Tatsächlich aber ist die zentralperspektivisch gemalte Decke bis auf die hölzernen Profile flach und waagerecht.

Scheinarchitektur und andere illusionäre Darstellungen sind typisch für die Zeit des Barocks, in der die Erbauer repräsentativer Gebäude dem Betrachter etwas vorspiegeln wollten. Gemalt wurde die Decke des Rittersaals 1655 und 1656 von dem italienischen Maler Andrea Aloisi Galanini. Es war die Zeit kurz nach dem Ende des Dreißigjährigen Krieges, in dem die Schweden weite Teile des Schlosses zerstört hatten. Der damalige Schlossherr Franz Wilhelm von Wartenberg musste nach dem Abzug der Schweden zunächst das Kloster bewohnen, weil es im Schloss keine trockenen Räume gab. Am Wiederaufbau des Schlosses war neben Galanini vor allem der Architekt Johannes Krafft aus Nürnberg beteiligt.

Besonders lohnend ist ein Besuch des Rittersaals im Rahmen einer der mitreißend gestalteten Schlossführungen, bei denen die Vortragenden auch so manch historische Anekdote beisteuern. In der warmen Jahreszeit kann der Rittersaal ohne Führung betreten werden.

Adresse Schloss Iburg, Schloßstraße, 49186 Bad Iburg, Zugang zum Beispiel von der Schloßmühle, Charlottenburger Ring 27 | Anfahrt aus Richtung Osnabrück über Iburger Straße (B 68) nach Bad Iburg, dort links auf Am Gografenhof, rechts auf Schloßstraße, links auf Große Straße, rechts auf Große Straße, Münsterstraße, dann rechts (Charlottenburger Ring). Der Parkplatz (Schloßmühle) liegt rechter Hand. 10 Minuten Fußweg zum Schloss. | Öffnungszeiten Schlossführungen April–Okt. Fr, Sa, So 15 Uhr; Nov.–März Sa, So 15 Uhr; Rittersaal: Mai–Okt. Mo–Do 14–16 Uhr | Tipp Entlang der Schloßstraße laden Geschäfte zum Shopping und Dinieren ein.

# 4 Der Grenzsteinkreis am See

*Verlust-Prophylaxe in Zeiten des Steinschwunds*

Verträumt glitzert der kleine See zu Füßen des Bad Iburger Burgbergs. Es ist der Charlottensee, der 1932 und 1933 angelegt und nach der preußischen Königin Sophie Charlotte benannt wurde. An seinen Ufern lassen sich allerlei heimelige Orte und Kuriositäten entdecken. So findet man eine romantische, mit zwei alten Weiden bestandene Veranstaltungsinsel und eine lang gezogene Gnomenbank, auf der zehn erwachsene Menschen oder unzählige Zwerge Platz finden. Auch ein schmuckes Café mit Seeterrasse, das in den Räumen einer ehemaligen Wassermühle aufgebaut wurde, eine Handvoll frisch gespurter Ruderboote und der malerische Aufgang zum Iburger Schloss mit seinen prächtigen Gärten verheißen dem Besucher des niedersächsischen Kurstädtchens einen abwechslungsreichen Tag.

Wendet man sich am See in Richtung des kürzlich auf der Schlosswiese angelegten Kneipp-Erlebnisparks – die in den Boden eingelassenen Trampoline sind ein großer Spaß für Jung und Alt –, lässt sich hinter einer Grenzhecke, die leicht übersehen werden kann, ein ganz besonderes Kuriosum entdecken: der Grenzsteinkreis.

Wie an vielen anderen Orten gehen auch rund um Bad Iburg immer wieder historische Steine verloren. Während manche von ihnen wenig später in privaten Vorgärten auftauchen, bleiben andere jahrzehntelang verschollen oder verschwinden gar ganz. Um dem immer weiter um sich greifenden Steinschwund entgegenzutreten, entschlossen sich die Mitglieder des Bad Iburger Vereins für Orts- und Heimatkunde, entführungsgefährdete Steine im Kollektiv zu beschützen.

Die im Steinkreis gezeigten sechs Grenzsteine – eine Aufstockung auf zwölf Steine ist geplant – stammen von den Grenzen des früheren Iburger Benediktinerklosters St. Clemens und der ehemals fürstbischöflichen Grundstücke im Großraum von Bad Iburg. Typische Steinsymbole wie Clemensanker, Wolfsangeln, Jahreszahlen und Monogramme sind auf diesen Steinen gut zu erkennen.

Adresse 49186 Bad Iburg, Zugang zum Beispiel von der Schloßmühle, Charlottenburger Ring 27 | Anfahrt aus Richtung Osnabrück über Iburger Straße (B 68) nach Bad Iburg, dort links auf Am Gografenhof, rechts auf Schloßstraße, links auf Große Straße, rechts auf Große Straße und Münsterstraße, dann rechts (Charlottenburger Ring). Der Parkplatz liegt rechter Hand. | Tipp Im nahen Jagdschloss Freudenthal können Freunde der französisch inspirierten Gourmetküche ihren Gaumenfreuden frönen (Phillip-Sigismund-Allee 2).

# 5 Das Uhrenmuseum

*Die größte Taschenuhr der Welt*

Der prämierte Star des seit 1976 bestehenden Bad Iburger Uhrenmuseums befindet sich direkt über der Eingangstür. Es ist eine Taschenuhr aus dem Jahre 1979, die auch im Guinness-Buch der Rekorde verzeichnet ist – mit einem Durchmesser von 1,80 Meter ist sie die größte Taschenuhr der Welt. Ihr Pendant, eine auf der gegenüberliegenden Museumsseite befestigte Armbanduhr, darf sich die größte Armbanduhr Deutschlands nennen.

Die den Besucher an den Museumsfassaden empfangenden Uhren sind aber bei Weitem nicht die schönsten und skurrilsten Zeitmesser eines Museums, in dem man eine Unmenge außergewöhnlicher Uhren entdecken kann. So schreitet der Besucher in den Räumen des 1820 errichteten Gebäudes nicht nur an gängigen Uhrenmodellen, sondern auch an Schwingpendel-, Linksherumläufer-, Vorhängeschloss-, Schiefe-Ebene-, Kordelwand- und Knopflochuhren vorbei. Zu den besonderen Stücken des Museums gehört ebenfalls eine kunstvoll angefertigte Schwarzwalduhr, in der ein Mann im Takt der Zeit mit einem Nudelholz verdroschen wird. Auch die aus dunklen Wäldern stammende Knödelfresseruhr, bei der ein Mann wonniglich im Halbstundentakt wohlschmeckende Knödelimitate verputzt, verdient Respekt. Physikalisch ansprechend ist die Mittagskanonen-Sonnenuhr, die zur Mittagsstunde, wenn die Sonnenstrahlen durch ein Brennglas auf ein Zündloch treffen, einen Knall auslöst.

Im September 2015 dokumentierten im Uhrenmuseum 888 Uhren aus aller Herren Länder die über 300 Jahre alte Geschichte der Zeitmessung. Das liebevoll eingerichtete Museum wird seit seiner ersten Stunde von Peter Taschenmacher geleitet. Der leidenschaftliche Zeitmesserfreund ist des Uhrensammelns noch immer nicht müde. Wer in seinem Heim einen nicht mehr funktionierenden Uhrenschatz besitzt, kann diesen ins Museum tragen. Alte Uhrenschätze werden vom Meister der Uhren gegen einen Obolus persönlich repariert.

Adresse Am Gografenhof 5, 49186 Bad Iburg | Anfahrt aus Richtung Osnabrück über Iburger Straße (B 68), vorbei an Georgsmarienhütte und über Teutoburger-Wald-Straße (B 51) nach Bad Iburg, dort links auf Am Gografenhof | Öffnungszeiten Mo–So 10–17 Uhr | Tipp Sehr sehenswert ist die Fleckenkirche St. Nikolaus an der Rathausstraße. Sie gehört zu den ältesten gotischen Hallenkirchen im Osnabrücker Land.

# 6 Der Zeppelinstein

*Das unvergessliche Luftschiff*

Man schrieb den 28. Juni 1910, und die Morgenluft über Düsseldorf war erfüllt von prickelnder Freude. Die Deutsche Luftschifffahrts-Aktiengesellschaft hatte in- und ausländische Journalisten an Bord des Verkehrsluftschiffes LZ 7 »Deutschland« geladen, damit diese über die Jungfernfahrt des Zeppelins berichteten. Es sollte die Verkehrstauglichkeit des Gefährts getestet und für die Personenbeförderung mit Zeppelinen geworben werden. Da die Wetterlage rund um Düsseldorf instabil war, entschloss man sich, in Richtung Nordosten zu fliegen.

Als sich um halb neun der siebte in Friedrichshafen am Bodensee gebaute Zeppelin mit 32 Gästen in die Lüfte erhob, ahnte niemand, welch ungewollte Wendung die Fahrt haben würde. Kurz vor dem Teutoburger Wald geriet das 30 Tonnen wiegende Luftschiff in ein schweres Unwetter. Als gegen 17 Uhr der Motor des mit Schnee und Hagel beschwerten Zeppelins ausfiel, verlor das bereits zuvor sinkende Luftschiff rapide an Höhe. Am Limberg, wenige Kilometer östlich von Bad Iburg, stürzte es in den Nadelwald und blieb wenige Meter über dem Erdboden im Geäst hängen. Obwohl keine Personen Schaden nahmen, erregte der spektakuläre Unfall im Sommerschnee wegen der ausführlichen Berichterstattung in den Medien international großes Interesse.

Ein Jahr später wurde an der Unglücksstelle von Mitgliedern des Teutoburger-Wald-Gebirgsvereins ein übermannsgroßer Granitfindling zum Gedenken an das Ereignis aufgestellt. Auf dem Stein findet sich eine Bronzetafel mit einem Porträt von Ferdinand Graf von Zeppelin und einer ermutigenden Inschrift: »Hier strandete schneebedeckt im Sturm am 28. 6. 1910 das erste Verkehrs-Luftschiff Z7 ›Deutschland‹ – Trotzdem vorwärts.«

Heute liegt der Zeppelinstein im Fadenkreuz schöner Wanderwege. Steuert man den Findling vom unten beschriebenen Wanderparkplatz an, kann man sich unterwegs an munter sprudelnden Bächen und am verträumt gelegenen Haasesee erfreuen.

**Adresse** 49186 Bad Iburg-Glane, Zugang zum Beispiel vom Wanderparkplatz Am Freeden | **Anfahrt** aus Richtung Osnabrück über B 51 (Osnabrücker Straße) bis Abzweig Hagenberg, dieser Straße bergab zum Wanderparkplatz folgen, von dort zu Fuß: Hin- und Rückweg 7 Kilometer (Glaner Weg, beschildert) oder verlängerter Rundweg über den Lemberg (Zeppelinweg, 9 Kilometer) | **Tipp** Rund um den Freeden erblüht im Frühling der Hohle Lerchensporn – die ausgedehnten Blütenteppiche des Frühblühers ziehen Naturliebhaber von nah und fern in ihren Bann.

# 7__Die Piepsteinplätze

*Auf den Spuren eines außergewöhnlichen Gesteins*

In der kleinen Kurstadt Bad Laer gibt es ein Gestein, das es sonst nirgendwo gibt: den Piepstein oder Laerscher Stein. Über der Erde des Städtchens ist von ihm vergleichsweise wenig zu sehen, doch unter der Erdoberfläche gibt es ihn in Massen. Allein unter dem Ortskern liegt eine 100 Hektar große und bis zu sechs Meter dicke Sinterkalklinse des stadttypischen Gesteins.

Entstanden ist dieses Vorkommen vor vielen tausend Jahren, als es in Laer großflächige Feuchtgebiete mit Tümpeln und Brackwasser gab. Das Wasser dieser Tümpel stammte zum Teil aus der noch heute verwendeten Solequelle. Es enthielt viele Mineralien, die sich als Sinterkalk an die Wasserpflanzen der Tümpel hefteten. Als die Schilfstängel (und andere Pflanzen) in den Sinterkalkschichten starben, blieben steinerne Kalkröhren zurück, die nach ihrer pfeifenartigen Struktur nach dem plattdeutschen Wort für Pfeifen als Piepen bezeichnet wurden.

Der poröse Piepstein wurde im Mittelalter zum Bau von Bauernhöfen und Gotteshäusern, beispielsweise für die Gewölbe des Hohen Doms zu Münster, verwendet. Mit der Entwicklung anderer Baumaterialien wie Holzblockstein und Klinker nahm die Nutzung der relativ schwer zu verbauenden Piepsteine deutlich ab.

Wer heute in Bad Laer auf den Spuren des Laerscher Steines wandelt, wird an einigen Stellen fündig. So wurde der Stein in der kürzlich renovierten Piepsteinscheune, die als Geschäfts- und Veranstaltungsraum fungiert, verbaut. Auch im Mauerwerk der katholischen Kirche und der nur 83 Meter langen Piepsteingasse ist der Stein enthalten. Ein prächtiges Piepstein-Einzelstück lässt sich vor dem Heimatmuseum an der Kesselstraße bewundern.

Wer den Geschmack des Piepsteins kennenlernen möchte, sollte beim Abschlecken des feinkantigen Kalkgesteins vorsichtig sein. Ungefährlich ist hingegen der Genuss der Piepsteine der Konditorei Dodt: Sie bestehen aus Sahne, Schokolade und anderen labenden Zutaten.

**Adresse** zum Beispiel Heimatmuseum, Kesselgasse 4, oder Piepsteingasse, 49196 Bad Laer | **Anfahrt** aus Richtung Osnabrück auf A33, Ausfahrt Hilter, Richtung Bad Iburg/Hilter, im Kreisverkehr erste Ausfahrt (Münsterstraße), links auf Hauptstraße, weiter auf Remseder Straße, rechts in Richtung Prozessionsweg, links auf Kurgartenallee, rechts (unbeschildert) auf Kesselstraße. Der Museumsparkplatz liegt linker Hand. Die Piepsteingasse zieht hinter dem Haus Nummer 1 nach rechts. | **Tipp** Nicht nur der Piepstein vor dem Heimatmuseum, sondern auch das Museum selbst und der davorliegende Garten sind sehenswert. In der Konditorei Dodt werden neben Piepsteinen auch andere einzigartige Leckereien angeboten (Paulbrink 9).

# 8 Die Stele am Glockensee

*Die Stadtgeschichte im Baum*

Im verträumten Kurstädtchen Bad Laer erhebt sich am malerischen Glockensee ein sonderbarer Baumstumpf, der seine Besucher durch wunderliche Ornamente und ein rätselhaftes Antlitz überrascht. Viele meinen, das Gesicht des Baumsonderlings schaue grimmig drein, andere erkennen in den weit geöffneten Augen des Baumes Angst, wieder andere Neugier oder Erstaunen. Da der von Menschenhand bearbeitete Stumpf die facettenreiche Geschichte von Bad Laer erzählt, sind vermutlich alle diese Emotionen und Gefühle im Sinne seines Gestalters.

Die »Baumstele zur Laerer Geschichte«, so die offizielle Bezeichnung des holzigen Sonderlings, wurde 2005 von Uwe Nolte, einem in Stelle bei Bremen geborenen Bildhauer, im Rahmen eines Künstlerwettbewerbs erschaffen. Heute lebt und arbeitet der Künstler in Wildeshausen.

Die auf der Stele zu erkennenden Buchstaben ergeben das Wort Lothere, die mittelalterliche Schreibweise für Laer, was so viel wie »Lichtung im Wald« bedeutet. Der lodernde Flammenkranz im oberen Abschnitt der Stele symbolisiert die große Feuersbrunst, die Laer 1767 heimsuchte. Bei diesem Feuer, das als Roter Hahn in die Annalen einging, wurde ein Drittel aller Häuser der Stadt zerstört. Der ebenfalls an der Stele zu erkennende stilisierte Schiffsbug auf geschwungenen Wellen soll an die gefährliche Überquerung des Atlantiks der Laerer Auswanderer auf ihrem Weg nach Amerika erinnern. Mehr als 1.000 Einwohner Laers verließen im 19. Jahrhundert ihre Heimat, um in Nordamerika ihr Glück zu finden.

Wer die Baumstele in Bad Laer besucht, sollte auch den wunderschön angelegten Glockensee, einen der wenigen deutschen Soleseen, umrunden. Entlang des mit Schilf und anderen Pflanzen umwachsenen, aber dennoch blickoffenen Gewässers lässt sich ein schmuckes Mühlenhaus und einer der sagenumwobenen Teufelssteine der Stadt (mit einem Originalhandabdruck des Pferdefußträgers!) aufspüren.

Adresse 49196 Bad Laer, Zugang vom Parkplatz an der Kurgartenallee | Anfahrt aus Richtung Osnabrück auf A 33, Ausfahrt Hilter, Richtung Bad Iburg/Hilter, weiter auf L 97, links auf Osnabrücker Straße, im Kreisverkehr erste Ausfahrt (Münsterstraße), links auf Hauptstraße, weiter auf Remseder Straße, rechts Richtung Prozessionsweg, links auf Kurgartenallee, vom Parkplatz zu Fuß: Die Stele steht am Eingang des Kurparks (links vom See). | Tipp Bemerkenswert ist die katholische Pfarrkirche St. Marien. Ihr mittelalterlicher Kirchturm besitzt als Besonderheit ein Satteldach mit Treppengiebel.

# 9 Die Predigerlinde

*... und andere wunderliche Orte am Kalvarienberg*

Zwischen Bad Laer und Glandorf verbergen sich am Saume eines Waldes, unweit der Abbruchkante eines Sandsteinbruchs, einige außergewöhnliche Orte. Bereits an der Landstraße, an der täglich Hunderte Autos vorbeirauschen, erhebt sich ein uralter Baum mit einer seltsam geformten verknöcherten Krone. Es ist die Predigerlinde, deren sonderliche Wuchsform darauf zurückgeht, dass man schon in jungen Baumjahren ihre Krone kappte, um eine Kanzel anzubringen. Von dort verkündigten einst die Prediger bei Prozessionen ihre Botschaft. Vor dem mächtigen Lindenstamm steht das Buschkotten-Kreuz (-»Krüß«). Es wurde 1829 auf Veranlassung des Bauern Buschkotte aus dem Nachbardorf Müschen errichtet. Man sagt, dass der an Gesichtsrose erkrankte Sohn des Bauern nach einer Bittwallfahrt zu Füßen der Linde eingeschlafen und geheilt aufgewacht sei. Als Dank ließ der Bauer das Kreuz aufstellen und überließ dem damaligen Pfarrer 25 Reichstaler zur Instandsetzung des noch heute gut erhaltenen Kreuzes.

Geht man auf der gegenüberliegenden Straßenseite in den Wald, stößt man auf einen 1857 errichteten, 275 Meter langen Kreuzweg, der im Volksmund seit jeher als Kalvarienberg bezeichnet wird. Obwohl er am höchsten Punkt der Straße beginnt, findet man dort keinen Berg oder Hügel. Stattdessen lässt sich zu Beginn des Kreuzweges eine hübsche rot getünchte Kapelle entdecken. Für ihre Finanzierung sorgten vor allem diejenigen Einwohner Laers, die es im späten 19. Jahrhundert nach Nordamerika zog – daher auch der Name Auswandererkapelle.

Der Kalvarienberg spendet auch heute noch vielen Gläubigen Trost und Kraft. Er ist ein Ort der Ruhe und Einkehr, dem wegen seiner besonderen Stätten auch etwas Geheimnisvolles und Mystisches anhaftet. Überlieferungen zufolge sollen am Orte des Kreuzweges einst eine germanische Fluchtburg und später eine Gerichts- und Kultstätte gelegen haben.

**Adresse** 49196 Bad Laer-Hardensetten, Höhe Sandgrube Niehaus, Glandorfer Straße 38 | **Anfahrt** aus Richtung Osnabrück auf A 33, Ausfahrt Hilter, Richtung Bad Iburg/Hilter, weiter auf L 97, links auf Osnabrücker Straße, im Kreisverkehr erste Ausfahrt (Münsterstraße), links auf Hauptstraße, weiter auf Remseder Straße, Nordring, im Kreisverkehr zweite Ausfahrt (Westring), im nächsten Kreisverkehr erste Ausfahrt (Glandorfer Straße), an der Sandgrube Niehaus (höchster Straßenpunkt) rechts (Parkplatz), von dort zu Fuß: Der Weg in den Wald führt zur Kapelle und zum Kreuzweg. | **Tipp** Spannend und informativ ist der im Jahr 2000 auf dem Blomberg errichtete Lehrbienenstand.

# 10 Das Dreiländereck

*Das Schmuggler-Eldorado der Unkemänner*

Magnus Altenhieb, wegen seines Aussehens und seiner Scharfsichtigkeit eher als »der Bärtige mit den sieben Augen« bekannt, war ein stolzer Familienvater. Überdies war er aber auch ein Unkemann und damit Mitglied jener legendären Gruppe schmuggelnder Kleinkrimineller, die bis in das 19. Jahrhundert hinein in der Nähe des heutigen Bad Laer ihr Unwesen trieb. Die exakte Position ihres Treibens war die Region rund um das Dreiländereck, an dem früher das Fürstbistum Münster, das Hochstift Osnabrück und die Grafschaft Ravensberg aufeinandertrafen. Das Dreiländereck war ein abgeschiedener Ort inmitten von Wäldern und Feldern, in denen viele Tümpel und Kröten vorkamen. Letztere wurden einst im Volksmund gemeinhin als Unken bezeichnet. Der Amphibienfülle ihres bevorzugten Operationsareals verdanken die schmuggelnden Grenzgänger also ihren Namen.

Ausgesprochen anziehend war das Dreiländereck für die Unkemänner, weil sie dort hoch besteuerte Waren von einem Herrschaftsgebiet ins andere schmuggeln konnten. Ziel war es, die Steuern zu umgehen und beim Eigenverkauf einen möglichst hohen Gewinn zu erzielen. Jedes Land hatte zu jener Zeit seine eigenen Herren, die jeweils an den Grenzen Abgaben auf alle Güter verlangten, die die Kaufleute einführen wollten. Besonders hoch besteuert (und daher für die Schmuggler sehr attraktiv) war das »weiße Gold« der Bad Rothenfelder Gradierwerke, das in südlich gelegene Regionen transportiert wurde. Neben dem Salzschmuggel sollen die Unkemänner auch Reisende ausgeraubt und Vieh von den Weiden gestohlen haben. Mit dem Aufkommen der Zollvereine in den 1830er Jahren entfielen die Abgaben auf die meisten Güter, und der Schmuggel ebbte allmählich ab.

Heute ist das Dreiländereck ein schmuggelfreies Niemandsland mit vielen Kröten, zwei Wegschildern und einem Gedenkstein – Altenhiebs Erben haben sich neue Einnahmequellen ersonnen.

Adresse Zum Dreiländereck, 49196 Bad Laer-Müschen | Anfahrt aus Richtung Osnabrück auf A 33, Ausfahrt Dissen / Bad Rothenfelde, Richtung Bad Laer, rechts auf L 94, im Kreisverkehr zweite Ausfahrt (Niedersachsenring), weiter auf Bielefelder Straße, links auf Versmolder Straße, rechts auf Fleethweg, links auf Zum Dreiländereck, der Straße bis zum Ende (nicht asphaltierter Waldweg) folgen | Tipp Ein unvergessliches Erlebnis in Bad Laer ist das Fest der 1.000 Fackeln am ersten Augustwochenende.

# 11 Der Lehrplanetenweg

*Auf der Suche nach den Sternen*

Wer nach den Sternen greifen möchte, dem bieten sich unendlich viele Wege. Eine Möglichkeit, die Planeten unseres Sonnensystems spielerisch kennenzulernen, bietet der didaktisch konzipierte Planetenweg in Bad Lippspringe. Auf einem sechs Kilometer langen Rundparcours quer durch das Kurstädtchen geben Informationstafeln Auskunft über die kosmischen Eigenarten der gewaltigen Himmelskörper. Darüber hinaus erhält der All-Gast eine Vorstellung von den gigantischen Ausmaßen unseres Sonnensystems: Da die Entfernungen zwischen den Planeten maßstabsgetreu nachgestellt wurden, variieren die Strecken, die der Besucher zwischen den einzelnen Planeten-Stationen zurücklegen muss, erheblich.

Ein imposanter Ausgangs- und Endpunkt für die »Wanderung durch die Dimensionen des Planetensystems« ist die Zentralstation Sonne vor dem Prinzenpalais im Arminiuspark. In Sichtweite zur Sonne liegen Merkur (58 Meter), Venus (108 Meter) und die die Parkgrenze markierende Erde (150 Meter). Der rötlich schimmernde Mars (228 Meter) hat sich am Eingang zur Fußgängerzone (Marktstraße) postiert, der stolze Jupiter (778 Meter) heißt seine Bewunderer am Eingang zum Kaiser-Karls-Park willkommen. Der weitere Weg führt durch den Park und den Kurwald zu den Mersmann-Teichen, wo der Saturn (1.427 Meter) stolz seine berühmten Ringe präsentiert. Vorbei an der idyllisch gelegenen Fischerhütte (Ausflugslokal) und durch das heimelige Strothetal nähert sich der Weg der Reithalle, wo Uranus (2.870 Meter) die Planetenkundler empfängt. Entlang des Lönswegs geht es weiter durch den Wald, bevor man die Detmolder Straße passiert und am Dedinger-Heide-See auf Neptun (4.496 Meter) stößt. Entlang eines Baches trifft der Weg schließlich in der Nähe der Jordanquelle auf Pluto (5.946 Meter), der seinen Planetenstatus leider vor einiger Zeit abgeben musste. Von dort sind es nur noch 150 Meter zurück bis zur Sonne und zum Ende des faszinierenden All-Spaziergangs.

Adresse Höhe Prinzenpalais, Arminiuspark 11, 33175 Bad Lippspringe, Zugang zum Beispiel von der Kurparkstraße oder vom Parkplatz am Prinzenpalais | Anfahrt aus Richtung Paderborn über Detmolder Straße nach Bad Lippspringe, rechts auf Kurparkstraße, Parkhaus rechter Hand; von dort Fußweg: Kurparkstraße bis Parkeingang folgen, Jordan-Bach überqueren, unmittelbar danach rechts und wieder links. Der Weg steuert direkt auf die »Sonne« zu. | Tipp Wenige Meter vom Start- und Endpunkt des Planetenwegs entfernt lassen sich die sagenumwobene Lippequelle – mit dem Auge des Göttervaters Odin zu Wasser – und die Burgruine Lippspringe bestaunen. Auch der Allergiegarten vor dem Prinzenpalais hält lehrreiche Überraschungen bereit.

# 12 Die Nebelwiese

*Niederschlag bei jedem Wetter*

Fünf Minuten Nebel, zehn Minuten Pause, fünf Minuten Nebel, zehn Minuten Pause. Nur an wenigen Orten auf der Welt ist Niederschlag so gut berechenbar wie auf der Nebelwiese von Bad Lippspringe. Das gilt allerdings nur für die Sommermonate, denn in der kühleren Jahreszeit legt sich auch der künstlich erzeugte Niederschlag in Ostwestfalen zur Ruhe. Oder anders formuliert: Dann schaltet man die Nebelwiese ab.

Seit 2006 erfreut die Nebelwiese alle wassertropfengetränkte Luft liebende Besucher des schmucken Kurstädtchens mit ihrem Niederschlag. Seitdem entströmt aus jeder der übermannshohen Röhren, die in regelmäßigen Abständen auf einer Wiese des Arminiusparks angeordnet sind, ein feiner Sprühnebel. Da die Röhren rhythmisch zur gleichen Zeit ein- und ausgeschaltet werden, entsteht bei jedem Betrieb ein wallender Nebel, der sich vor den alten Baumbestand des Parks schiebt.

Sinn der künstlich erzeugten Waschküche ist es, dem Besucher die wohltuende Wirkung von Frischluft und Wasser sowie die Reduzierung des Pollenfluges bei feuchter Witterung zu demonstrieren. In der Tat stellen die erfrischenden Inhalationen auf der Nebelwiese insbesondere für geschwächte Heuschnupfengeplagte eine Wohltat dar. Überaus vitalisierend ist die Nebelwiese natürlich bei großer Hitze. Darüber hinaus ist der Nebel aber auch ein hilfreicher Begleiter bei der sogenannten Vitalwanderweltübung, die auf der Nebelwiese angeboten wird. Sie wird auch unter dem meditativen Titel »bewusst die Energie der Einatmung spüren« vermarktet. Wer mehrmals intensiv das bewusste Ein- und Ausatmen auf der Nebelwiese übt, dem soll ein hilfreiches Mittel zur Verfügung stehen, Anspannungen abzubauen und Entspannung zu finden.

Ob dies wirklich so ist, ist nicht sicher belegt. Aber selbst wenn es nicht so wäre – Freude bereitet die überraschende Sommerdusche auf jeden Fall!

**Adresse** Arminiuspark, 33175 Bad Lippspringe, Zugang zum Beispiel von der Kurparkstraße | **Anfahrt** aus Richtung Paderborn über Detmolder Straße nach Bad Lippspringe, rechts auf Kurparkstraße, Parkhaus rechter Hand. Von dort Fußweg: Kurparkstraße bis Parkeingang folgen, Jordan-Bach überqueren, unmittelbar danach zweimal rechts (Newbridge-Promenade). Die Nebelwiese liegt linker Hand. | **Öffnungszeiten** der Arminiuspark ist ganzjährig geöffnet; die Nebelwiese ist nur im Sommer in Betrieb | **Tipp** Hält man sich am Parkeingang links, gelangt man in den urwüchsigen Jordanpark und zur Jordanquelle.

# 13 Die Himmelsfundamente

*Mayaphilosophien auf dem Heristo-Kreisel*

Im Zentrum von Bad Rothenfelde, nahezu in der Mitte zwischen altem und neuem Gradierwerk, liegt ein Verkehrskreisel, den täglich einige tausend Autos umfahren. Nur wenige Meter weiter flanieren die Touristen. Die meisten von ihnen schenken den sonderbaren vier Säulen auf dem Kreisel keinen oder allenfalls einen flüchtigen Blick. Einige wenige jedoch bleiben stehen. Ihre Mimik verrät ungläubiges Erstaunen.

Es war der französische Künstler Louis Chacallis, der das 2005 und 2006 in Bad Rothenfelde errichtete Kunstwerk »Les fondations du ciel« durch Unterstützung von Spendengeldern der Firma heristo erschuf. Die außergewöhnliche Skulpturengruppe besteht aus vier hoch aufragenden Stahlsäulen quadratischen Grundrisses, die den Himmelsrichtungen entsprechend als Viereck angeordnet sind. Jede der Säulen trägt in sechs Meter Höhe einen würfelförmigen Körper, der in Grau-, Blau- und Weißtönen bemalt ist und an die Entstehung einer Wolke erinnert. Chacallis wählte für seine Kunst Motive aus dem Schöpfungsverständnis der Mayakultur, wonach das irdische Reich quadratisch ausgerichtet ist. In einer unteren Ebene liegt die Unterwelt und in einer oberen der von vier Bäumen getragene Himmel. Diese Verbindung zum Himmel gewährt den Menschen nach Lesart der Maya einen verlässlichen Schutz.

Der Platz für die Skulpturengruppe wurde absichtlich gewählt, da auch das Gradierwerk-Motiv in der Kunst seinen Platz fand. Wie in den Gradieranlagen wird Wasser in die Stahlsäulen der Skulpturen gepumpt, das dann als Rinnsal an den farbig gestalteten Innenseiten der Säulen hinabfließt. Die dort vorherrschenden Farbskalen Rot-Grün und Gelb-Blau symbolisieren die Elemente Feuer, Erde, Wasser und Luft. Der Wasserkreislauf weist auf die einst für Bad Rothenfelde charakteristische Solegewinnung und damit auf das Salz als unverzichtbaren Stoff des Lebens hin.

**Adresse** Heristo-Kreisel, Kreisverkehr zwischen Bahnhof-, Salinen- und Hannoversche Straße, 49214 Bad Rothenfelde | **Anfahrt** aus Richtung Osnabrück auf A 33, Ausfahrt Dissen/Bad Rothenfelde, Richtung Rothenfelde, rechts auf L 94, im Kreisverkehr erste Ausfahrt (Bahnhofstraße), Parkmöglichkeiten im Ortszentrum | **Tipp** Der malerische Rosengarten am neuen Gradierwerk und der im Oktober 2015 eröffnete Naturgarten an der Lindenallee (www.pro-natur-lindenallee.de) sind ebenfalls überaus lohnende Reiseziele.

# 14 Die Mühle auf dem Gradierwerk

*Windkunst auf der Superlativen-Saline*

Warum dort oben wohl eine Mühle steht? Grübelnd zeichnen die Augen des Seniorenpaares die imposante Schwarzdornwand des neuen Gradierwerks nach, bis das mächtige Windrad auf dem Dach des Werkes ihren Blicken Einhalt gebietet.

Windmühlen auf Gradierwerken waren früher eher Regel als Ausnahme. Tatsächlich installierte Bauherr Carl-Ludwig Schloenbach im Jahre 1822 sogar drei Windmühlen auf dem damals neu erbauten zweiten Bad Rothenfelder Gradierwerk. Mit Hilfe dieser Mühlen wurde fast 100 Jahre lang das Solewasser aus hölzernen Behältnissen unter der Erde bis in die Spitze des Bauwerks transportiert. Von dort tröpfelte das Wasser so lange die Wände des Gradierwerks hinab, bis sich sein Salzgehalt von etwa sechs auf bis zu 26 Prozent erhöhte. Das ist auch heute noch der Fall. Im Zuge des technischen Innovationsstrebens wurden die Mühlen ab 1900 allmählich ersetzt. Die letzte Mühle auf dem neuen Rothenfelder Gradierwerk wurde 1919 abgerissen. Die zum Pumpen benötigte Energie lieferte ab 1919 für sieben Jahre eine Dampfmaschine, danach stieg man auf elektrische Pumpanlagen um.

Um einen Teil des ursprünglichen Aussehens des Gradierwerks wiederherzustellen, ließ der Förderverein für den Erhalt der Bad Rothenfelder Gradierwerke 2007 für 250.000 Euro eine neue Mühle nach alten Plänen erbauen. Die heutige Mühle besteht zu etwa 80 Prozent aus historischem Material. Ihr hoher Preis erklärt sich unter anderem durch den kostenintensiven Mühlensockel.

Die beiden Senioren haben die Aussichtsplattform des Gradierwerks erklommen. Nachdem ein Windkunstwärter ihre Frage beantwortete, genießen sie eine wundervolle Aussicht über die Kurstadt und staunen. Mit 412 Meter Länge ist das neue Gradierwerk das längste in Westeuropa. Und das ist nur einer von vielen Rekorden.

**Adresse** neues Gradierwerk, Bahnhofstraße, 49214 Bad Rothenfelde | **Anfahrt** wie bei Ort 13 | **Öffnungszeiten** Aussichtsplattform (Windkunst): April–Sept. Sa, So, Feiertage 14–17 Uhr (bei guter Witterung); Inhalations- und Demonstrationsgang: April–Okt. Mo–Sa 10–12, 15–17 Uhr, So 10–12, 13.30–17 Uhr; Nov.–März Mo–So 13–15.30 Uhr | **Tipp** Absolut sehenswert ist die lichtsicht-Projektions-Biennale, die seit 2007 alle zwei Jahre in Bad Rothenfelde stattfindet. Während dieses mehrmonatigen Ereignisses werden die Dornwände des Gradierwerks als Projektionsfläche für Video- und Lichtkunst benutzt. Größere Projektionsflächen gibt es vermutlich nirgendwo auf der Welt.

# 15 Der Solarpark in Strang

*Wo die Menschen unter Palmen tanzten*

Warum ist ein Solarpark ein Ort, den man im Teutoburger Wald besuchen sollte? Nun, der 2015 errichtete, abgeschieden auf einer Hochfläche liegende Park deckt mit knapp 35.000 Solarmodulen auf 15 Hektar bei Sonnenschein den Elektroenergiebedarf von 1.600 Haushalten. Dass beim Betrieb der Anlage jährlich über fünf Tonnen ausgestoßenes Kohlendioxid eingespart werden können, macht die Anlage ökologisch und ökonomisch attraktiv.

Es gibt aber noch andere Gründe, weshalb man das eingezäunte Gelände aufsuchen sollte. Das Areal ist ein Platz mit einer besonderen Geschichte, die nicht vergessen werden sollte. Es ist ein Territorium, an dem sich menschliche Dramen abspielten, an dem Lebensträume begraben wurden und an dem ein großes Unglück – oder ein Verbrechen – geschah.

In den 1970er Jahren gründeten drei Investoren auf dem Terrain einen Vogelpark, das Vogelparadies Bad Rothenfelde. Der Park mit Tropenhalle und -café war ein beliebtes Ausflugsziel bei Familien, aber dennoch unrentabel. So mussten die ersten Investoren bereits nach wenigen Jahren Insolvenz anmelden. In den 1980er Jahren konnten die Umstrukturierungspläne für ein ökologisches Ferien- und Freizeitzentrum nicht umgesetzt werden. Als der Vogelpark im Jahr 2000 endgültig schloss, wurden alle Tiere mit Ausnahme einiger Pfauen verkauft. Dies war die Stunde von Christoph Schlüter und seinen Freunden, junge Einheimische, die an diesem Ort Technopartys organisieren wollten. Und dieser Plan ging auf: Auf dem Gelände des ehemaligen Vogelparks entstand eine der beliebtesten Diskotheken Niedersachsens. Schon zur ersten Party kamen 1.800 Techno-Fans. Zwischen 2001 und 2004 lockten DJ-Größen wie Sven Väth und Dr. Motte die Menschen in die Provinz. Man tanzte unter Palmen, in der ehemaligen Vogelfreiflughalle und im Tropencafé. Doch eines Nachts, im Juni 2004, kam es zu einem verheerenden Brand, der alles zerstörte. Seine Ursache ist bis heute ungeklärt.

**Adresse** Sundernweg, 49214 Bad Rothenfelde (Bauerschaft Strang) | **Anfahrt** aus Richtung Osnabrück auf A 33, Ausfahrt Dissen/Bad Rothenfelde, Richtung Rothenfelde, rechts auf L 94, im Kreisverkehr zweite Ausfahrt (Niedersachsenring), rechts auf Westfalendamm, links auf Frankfurter Straße, rechts auf Sundernweg (Anhöhe vor der Baumschule). Der Park liegt 400 Meter weiter rechter Hand. | **Tipp** Ein malerischer Ort zum Träumen und Entspannen ist der nur wenige Autominuten entfernte Mühlensee (Am Forsthaus 21).

# 16 Das Café im Lenkwerk

*Wohlverdiente Pause für Oldtimer-Enthusiasten*

Wer am Rande des in einer großen Halle gelegenen »Biergartens« des Cafés im Bielefelder Lenkwerk seinen Blick schweifen lässt, erblickt eine ganze Reihe schmucker alter Automobile. Viele der ausgestellten Gefährte kann man kaufen. Andere wurden von ihren Besitzern ins Lenkwerk gegeben, um eine beheizte, trockene und sichere Unterstellmöglichkeit zu haben. Selbstverständlich dürfen die im Lenkwerk abgestellten Autos von ihren Besitzern zu Spazierfahrten ausgeführt werden. Auch Motorräder der Kultmarke Harley-Davidson können im Lenkwerk bestaunt, gekauft und gemietet werden. Eine Motorräder-Dauerausstellung lädt zum Flanieren ein.

Seit Oktober 2014 ist Stefanie Müller Eigentümerin des Cafés am Rande jenes eigenwilligen Raums, der zugleich als Verkaufsraum, Museum und Autounterschlupf fungiert. Die gebürtige Wolfsburgerin, die direkt neben dem Café auch eine zum Stöbern einladende Nähmanufaktur unterhält, hat in dem ungewöhnlichen Ambiente mit dem leichten, aber nicht unsympathischen Benzinduft eine zweite Heimat gefunden. Abgesehen von ihrem Café und der Nähmanufaktur fühlt sich die Wahl-Ostwestfälin vor allem den blubbernden V8-Motoren der in der Halle weilenden »Ami-Schlitten« verbunden.

In und vor dem Café lässt sich bei Kaffee und Kuchen in Ruhe dem Charme und der Geschichte des Lenkwerks nachspüren. Einst stand am Bielefelder Stadtholz anstelle des Lenkwerks das Bekleidungsamt der Luftwaffe. Im Dezember 1938 hatte man mit den Ausschachtungen des Gebäudes begonnen. Nach dem Zweiten Weltkrieg wurde das Bauwerk von der Britischen Rheinarmee bis 1992 als Nachschublager und Logistikzentrum genutzt und kurz darauf als steinernes Zeitzeugnis unter Denkmalschutz gestellt. 2011 wurde aus dem baufälligen Gebäude mit Hilfe einer aufwendigen Totalsanierung das, was es heute ist: eine faszinierende Anlaufstelle für Liebhaber von Oldtimern und anderen bereiften Lebensgefährten.

Adresse Am Stadtholz 24–26, 33609 Bielefeld, Parkplatz Am Lenkwerk | Anfahrt A 2 Ausfahrt Bielefeld-Ost, B 66 Richtung Zentrum, rechts auf Prießallee, weiter auf Oststraße, Huberstraße, Am Stadtholz | Öffnungszeiten Café: Mo–Do 10–18 Uhr, Sa 10–16 Uhr, So 12–17 Uhr; Lenkwerk: Mo–Fr 9–18 Uhr, Sa, So 10–17 Uhr | Tipp Wenige Autominuten vom Lenkwerk entfernt liegt das Museum Huelsmann, in dem beeindruckende Werke der angewandten Kunst gezeigt werden (Ravensberger Park 3, www.museumhuelsmann.de).

# 17 Das Deutsche Fächermuseum

*Der Fächer, einst steter Begleiter der Frau*

Die Geschichte des Fächers ist weit mehr als 5.000 Jahre alt. Umso erstaunlicher ist es, dass sich in Europa nur drei Museen diesem besonderen Gegenstand widmen. Eines von ihnen ist das Deutsche Fächermuseum, das 1995 von den Eheleuten Marie-Luise und Günter Barisch in der Bielefelder Altstadt eröffnet wurde (die beiden anderen befinden sich in London und Paris). In dem liebevoll eingerichteten Museum, in dem neben den Eheleuten Barisch auch Maria Plet den Besuchern Rede und Antwort steht, lassen sich Fächer und Beiwerk der Mode aus dem 17. bis 21. Jahrhundert bewundern.

Wer im Fächermuseum umherstreift, stellt schnell fest, dass der Fächer in der Vergangenheit weit mehr als nur ein halbkreisförmiger Gegenstand war, den man mit der Hand hin- und herbewegt, um sich kühlende Luft zuzuwehen (Duden-Definition). Fächer galten zunächst über Jahrhunderte als Hoheitssymbol, das vornehmlich Pharaonen, chinesischen Kaisern und Mandarinen vorbehalten war. In Asien wurde (und wird) der Fächer später auch als Requisit bei traditionellen Tänzen genutzt. In Europa tauchten die ersten Fächer kurz nach 1500 in Portugal auf. Von dort traten sie ihren Siegeszug durch ganz Europa an und erreichten im Rokoko ihre größte Bedeutung und Verbreitung. Fächer dienten der Frau als Statussymbol, modisches Accessoire, Hilfsmittel der Koketterie und stellten überdies eine wertvolle Alltagshilfe dar. So gab es Fächer mit Spiegeln, eingebauten Brillen und geheimen Nischen. Ob arm oder reich, Fächer aus Holz oder edlen Materialien wurden der unverzichtbare Begleiter einer jeden Frau. Die prachtvollen Gestelle und die auf den Blättern dargestellten Motive – zum Beispiel Blumen, Landschaften und Festszenen – waren von nahezu unbegrenzter Vielfalt.

Adresse Am Bach 19, 33602 Bielefeld, Eingang Neustädter Straße 16 | Anfahrt A 2 Ausfahrt Bielefeld-Ost, B 66 bis Zentrum, rechts auf Schmale Gasse, links auf Neustädter Straße, Parkmöglichkeit zum Beispiel im Parkhaus An der Welle | Öffnungszeiten Mi, Do 14.30–17.30 Uhr und nach Vereinbarung | Tipp Wenige Gehminuten vom Museum entfernt befindet sich die Kunsthalle, ein sehr sehenswertes Museum und Ausstellungshaus für moderne und zeitgenössische Kunst (Artur-Ladebeck-Straße 5, www.kunsthalle-bielefeld.de).

# 18 Das Etagenzwiebelbeet

*Im Bauernhausmuseum wachsen historische Pflanzen*

Schon ihr botanischer Name, Allium cepa var. proliferum, verrät es: Diese winterharte Pflanze liebt es zu wachsen (proliferieren: wuchern, schnell wachsen). Und sie praktiziert dies auf eine besondere Weise: Sie wächst in mehreren Ebenen. Anstelle von Blüten trägt die Etagenzwiebel auf ihrer Sprossachse Brutzwiebeln, die ihrerseits austreiben und wiederum Brutzwiebeln tragen. Auf diese Weise schraubt sich die skurrile Zwiebel Etage um Etage dem Licht entgegen. Trotz ihrer sonderbaren Gestalt duftet die Etagenzwiebel vertraut. Tatsächlich lässt sich die Etagenzwiebel wie eine gewöhnliche Zwiebel nutzen und enthält auch ähnliche Inhaltsstoffe.

Etagenzwiebeln waren früher weit verbreitet, mussten ihren Platz in den Gärten aber mit der Zeit den »modernen« Zwiebeln überlassen. In Bielefeld wächst die Etagenzwiebel indes noch immer, und zwar in einem Beet unterhalb eines ländlichen Ziergartens. Er wurde nach den populären Vorstellungen von Ziergärten aus dem 18. und 19. Jahrhundert angelegt und gehört zum Bielefelder Bauernhausmuseum.

Baulicher Mittelpunkt des kleinen, liebevoll gestalteten Museums, das das Landleben in der Region jener Zeit zeigt, ist Haus Möllering, ein bemerkenswerter Dreiständerbau. Aber auch ein altes Backhaus mit einem funktionsfähigen Ofen, ein Bienenhaus und die imposante Bockwindmühle, die einst vor allem als Schrotmühle eingesetzt wurde, sind lohnende Ziele im Museum. Beim Besuch der Dauerausstellungen auf dem Gelände kann man die Gepflogenheiten alter Heiratsbräuche kennenlernen, Spinnstuben und verwinkelte Vorratsräume besichtigen oder mehr über das beschwerliche Leben der Mägde und Knechte erfahren. Bastel-Workshops wie »Kerzen ziehen« und »Futterhäuschenbau« bereichern einen kreativen Museumstag.

Das 1999 umgestaltete und mehrfach ausgezeichnete Bauernhausmuseum ist das älteste deutsche Freilichtmuseum und nicht nur unter nostalgischen Pflanzenfreunden ein Geheimtipp.

**Adresse** Dornberger Straße 82, 33619 Bielefeld, www.bielefelder-bauernhausmuseum.de, Zugang vom Parkplatz Am Johannisberg (am Museum ausschließlich Behindertenparkplätze) | **Anfahrt** A 2 Ausfahrt Bielefeld-Ost, B 66 bis Zentrum, rechts auf Artur-Ladeback-Straße, links auf Von-der-Recke-Straße, links auf Moltkestraße, rechts auf Wertherstraße, links auf Dornberger Straße, links auf Am Johannisberg, dort Parkplatz und 10-minütiger Fußweg zum Museum | **Öffnungszeiten** Feb.–4. Advent Di–Fr 10–18 Uhr, Sa, So 11–18 Uhr | **Tipp** Einen Katzensprung vom Museum entfernt liegt der sehenswerte Heimat-Tierpark Olderdissen (Dornberger Straße 149A).

# 19 Das Sparrenmobil

*Sonntagsausflug mit der Lokomotivattrappe*

Manchmal gibt es Tage, da möchte man etwas von der Welt sehen, sich aber am liebsten kaum bewegen. Die quengelnden Kinder möchten Abenteuer erleben, und die Großmama beäugt unauffällig die Standuhr in der alten Stube. Der Duft des Sonntagsbratens erfüllt die Luft, er wird aber erst in drei Stunden verzehrfertig sein. Was also tun?

Man vertraue der modernen Küchentechnik und reise mit Kind und Kegel zum Bielefelder Sparrenmobil. Das sonderbare, an eine historische Eisenbahn erinnernde Gefährt namens Emma kutschiert seine Besucher innerhalb einer Stunde zu einigen Sehenswürdigkeiten der Stadt. Der Rundkurs der Lokomotivattrappe, die auf einem Mercedes-Geländewagen aufsitzt, beginnt am Bunnemannplatz in der Altstadt. Von dort steuert die blau-orangefarbene Pendelbahn zunächst ihre Namensvetterin, die berühmte und aussichtsreiche Sparrenburg, an. Danach zieht es die ausgefallene Zugmaschine hinunter zur Kunsthalle und wieder bergauf zum Johannisberg, wo der Fahrgast einen Blick auf den Klettergarten und die ehrwürdigen Parkanlagen werfen kann. Anschließend fährt das Mobil zum Bauernhausmuseum und hinterlässt eine würzige Vorfreude auf das Etagenzwiebelbeet (siehe Seite 44). Letzte Station des putzigen Gefährts ist der Tierpark Olderdissen, den vor allem kleine Zuggäste neugierig beäugen. Dort wendet die Zugattrappe und steuert erneut die Altstadt an.

Bis zu 40 Personen haben im Sparrenmobil Platz, zusätzlich ist auch Raum für Kinderwagen und einen Rollstuhl vorhanden. Bei nasskalter Witterung bietet die Rundumverglasung der beheizbaren Scheinlokomotive einen sicheren Regenschutz. Wer mag, kann die Fahrt auch unterbrechen, ein Aus- und Zustieg ist an allen Stationen möglich. Die Tickets sind bis zu vier Stunden gültig, es gibt sie allerdings nur beim Schaffner. Hunde dürfen leider nicht mit dem Sparrenmobil fahren – sie müssen den heimischen Sonntagsbraten bewachen.

**Adresse** zum Beispiel Bunnemannplatz, 33615 Bielefeld | **Anfahrt** A 2 Ausfahrt Bielefeld-Ost, B 66 bis Zentrum, rechts auf Schmale Gasse, links auf Neustädter Straße, Parkmöglichkeit zum Beispiel im Parkhaus An der Welle | **Öffnungszeiten** Mai–Okt. Sa, So, Feiertage 10–18 Uhr (exakter Fahrplan im Internet) | **Tipp** Ein lohnendes Familienziel in Bielefeld ist auch das Naturbad Brackwede, das durch das erfrischende Quellwasser der Ems-Lutter gespeist wird. Das Bad ist mit einheimischen Wasserpflanzen bepflanzt (Osnabrücker Straße 63a, www.naturbad-brackwede.de).

# 20 Der Halleluja-Steinbruch

*Ungetrübte Kletterfreude – wenn die Eule es erlaubt*

Für ostwestfälische Kletterfreunde ist der stillgelegte Steinbruch im Bielefelder Osten seit Langem ein Geheimtipp. Das idyllische, allgemeinhin aber kaum bekannte Areal, das zum Grundeigentum der von Bodelschwinghschen Stiftungen Bethel gehört und im Frühjahr 1999 vom Deutschen Alpenverein Bielefeld gepachtet wurde, lockt mit bis zu 15 Meter hohen Sandsteinfelsen, an denen erfahrene Kletterhallen-Hasen und Neueinsteiger ihre Schritte in die Vertikale wagen. Auf über 50 ausgewiesenen Kletterrouten der Schwierigkeitsgrade III bis IX findet hier, knapp unterhalb vom Kamm des Teutoburger Waldes, jeder ambitionierte Bergsteiger sein Kletterglück, Abseilen und Bouldern (Klettern ohne Kletterseil) inbegriffen. Eine eigene Kletterausrüstung muss man nicht mitbringen.

Aber auch für Kletterphobiker lohnt ein Besuch des Steinbruchs, da sich im Gelände die geologische Vergangenheit des Teutoburger Waldes eindrucksvoll zeigt. Die im Steinbruch zutage tretenden Schichten des Osning-Sandsteins entstanden vor circa 120 Millionen Jahren in einem küstennahen, flachen Meer durch Ablagerung und Verfestigung von Sedimenten. Infolge späterer Auffaltungsprozesse wurden die Sandsteine senkrecht gestellt und bilden heute das Grundgerüst des Teutoburger Waldes. Die imposanten Sandsteinfelsen und die hoch gewachsenen Bäume im Steinbruch sind für das Auge ein Genuss.

Wer im Steinbruch klettern möchte, sollte vor der Anreise auf der Internetseite des Alpenvereins nachschauen, ob der Steinbruch hierfür freigegeben ist. Aus Naturschutzgründen kommt es immer wieder zu befristeten Sperrungen des Gebiets. In den letzten Jahren durchkreuzte mehrmals ein Uhupärchen, das sich zu Brutversuchen in die Felsen des Steinbruchs begeben hatte, die sportlichen Ambitionen der Kletterbegeisterten. Die Felsen avancierten zuletzt offensichtlich auch unter vermehrungswilligen Greifvögeln zum Geheimtipp.

**Adresse** 33617 Bielefeld, Zugang vom öffentlichen Parkplatz am Haus Salem, Bodelschwinghstraße 181 | **Anfahrt** A 2 Ausfahrt Bielefeld-Süd, Paderborner Straße Richtung Bielefeld, weiter auf Brackweder Straße, der Straße nach rechts folgen, weiter auf Hauptstraße, rechts auf Bodelschwinghstraße (Parkplatz). Von dort zu Fuß auf dem hinter dem Parkplatz an der roten Schranke startenden Weg, er zieht nach 150 Metern links bergan. Der Steinbruch liegt hinter der nächsten Rechtskehre rechter Hand. | **Öffnungszeiten** ganzjährig, außer an Sperrzeiten, Infos unter http://felsinfo.alpenverein.de | **Tipp** Nicht weit vom Steinbruch entfernt verläuft ein Abschnitt des liebevoll gestalteten Bielefelder Lämmerwegs. Dieser Wanderweg folgt dem Zugweg der Schafe in der Senne.

# 21 Das Haus Salem

*Entdeckungsreise am Ort des Friedens*

Ein besonderer Platz im südlichen Teutoburger Wald ist das Haus Salem. Dieser Name, der so viel wie Ort des Friedens bedeutet, wurde dem Haus von Friedrich von Bodelschwingh, einem evangelischen Pastor und Mitbegründer des bereits 1888 errichteten Gebäudes, verliehen. (Der bekannte Theologe war auch ein Leiter der von Bodelschwinghschen Stiftungen in Bethel.)

Das in malerischer Hanglage am Rande eines Naturschutzgebietes stehende Haus ist eine Stätte der Begegnung und Einkehr. Schnell kommt man in dieser grünen Oase mit anderen Menschen ins Gespräch. Man philosophiert mit Fremden über das Leben und stellt dann oft fest, wie vertraut der (das) Unbekannte doch eigentlich ist.

Wer mag, kann im Haus Salem Veranstaltungen zur christlichen Meditation und Kontemplation, spirituell ausgerichtete Tagesseminare oder Themenabende besuchen. Wer eher die Stille sucht, findet im und rund um das Haus besondere Kraft- und Ruheorte. Aber allein die aussichtsreiche Lage, die besondere Atmosphäre und die vielen sonderlichen Dinge, die sich rund um das Haus entdecken lassen, lohnen die Erkundung dieses außergewöhnlichen Platzes. So findet man am Waldsaum unweit des Hauses die »Arche Noah« (kleine Holzregatta) am »Berg Ararat« (Steinmarkierung) und 50 Meter weiter bergwärts eine schmucke Waldkapelle. Eine Theater-Waldbühne und an lauschigen Punkten aufgestellte Bänke heißen die Besucher ebenfalls willkommen.

Wer länger im Haus Salem weilen möchte, kann dort nächtigen oder Räume für Fortbildungen, Gemeindegruppen oder Freizeiten anmieten. Neben vier Tagungsräumen sind Kleingruppen- und Freizeiträume, ein Speisesaal und ein lauschiger Kaminraum verfügbar. Wegen seines heimeligen Ambientes ist das Haus inzwischen auch als Tagungsstätte beliebt. Haus Salem ist zudem ein Treffpunkt für Selbsthilfegruppen und Angehörige kranker Menschen. Menschen beider Gruppen werden im Haus fachkundig begleitet.

**Adresse** Bodelschwinghstraße 181, 33617 Bielefeld, öffentlicher Parkplatz (www.salem-bethel.de) | **Anfahrt** wie bei Ort 20. Ab dem Parkplatz Fußweg: dem bergan führenden Asphaltsträßchen folgen (Privatweg, das Auto bitte am Parkplatz stehen lassen!) | **Tipp** Ein Besuch der von Bodelschwinghschen Stiftungen Bethel ist sehr zu empfehlen (Königsweg 1).

# 22 Die Waterbör-Waldkirche

*Open-Air-Gottesdienste auch für Vierbeiner*

Es war ein unvergessliches Bild. Als die Gäste des Gottesdienstes in der Waterbör-Waldkirche im Juni 2009 ihre Plätze eingenommen hatten, waren sowohl die Flächen auf als auch unter den Bänken, die seit vielen Jahren unter freiem Himmel zum Gottesdienst einladen, belegt. An jenem Tag hatte man die Besitzer von Haustieren nebst ihrer Lieblinge zur Andacht geladen, und 170 Tierfreundinnen und -freunde, 60 Hunde und eine Katze waren der Einladung gefolgt. Zahlreiche Vögel, Eichhörnchen und andere ungeladene Waldbewohner waren ebenfalls erschienen. Anstelle einer Predigt wurde die Lebensgeschichte eines Hundes und der anwesenden Katze erzählt. Beide sollten eingeschläfert werden, wurden aber von Tierschützern gerettet. Damals krönte ein gemeinschaftlicher Spaziergang zurück in die Altstadt das feierliche Zusammensein von Mensch und Tier und einen unvergesslichen Tag.

In der Kirche am Südhang des Teutoburger Waldes werden neben Gottesdiensten für Zwei- und Vierbeiner auch Konzerte und andere Veranstaltungen angeboten. Aber auch an veranstaltungsfreien Tagen ist die Waldkirche im Bielefelder Osten ein besonderer Platz. Das Halbrund der Bänke unter dem lauschigen Kronendach des Waldes, der schöne Sandsteinaltar und der ehrwürdige Glockenturm erschaffen einen Ort, an dem der Mensch nur wenige Meter abseits der Stadt Ruhe und sich selbst finden kann.

Um zur Kirche zu gelangen, bieten sich mehrere Wege an. Der kürzeste startet unterhalb der Waldkirche am Parkplatz Waterbör und führt, an der gleichnamigen Gaststätte vorbei, nach wenigen Metern zur Kirche. Ein nahezu ebener, idyllischer Waldpfad zieht vom Haus Salem (siehe Seite 50) nach einem Kilometer zur Kirche. Auch der etwa halbstündige Spaziergang entlang des lauschigen Asphaltsträßchens, das von der Endhaltestelle der Stadtbahnlinie 1 (Senne) zur Waterbör hinaufführt, ist eine Wohltat für die Sinne.

**Adresse** 33659 Bielefeld, Zugang vom Parkplatz unterhalb des Restaurants Waterbör, Waterbörstraße 77 | **Anfahrt** A 2 Ausfahrt Bielefeld-Süd, Paderborner Straße Richtung Bielefeld, weiter geradeaus auf Brackweder Straße, rechts auf Waterbörstraße | **Öffnungszeiten** Kirche: ganzjährig; Restaurant: Mi–Fr ab 17.30 Uhr, Sa ab 15 Uhr, So ab 11.30 Uhr | **Tipp** Nur wenige Autominuten von der Kirche entfernt liegt der sehenswerte Sennefriedhof (Brackweder Straße 80).

# 23 Der Eiserne Anton

*Der etwas andere Aussichtsturm*

Wirklich schön ist er nicht. Richtig hoch ist er auch nicht. Und selbst die Aussicht vom Turm ist begrenzt. Und dennoch ist der Eiserne Anton auf dem Kamm des Teutoburger Waldes im Bielefelder Osten ein echter Blickfang.

Das 95,5 Meter hohe Bauwerk auf dem 309 Meter hohen Ebberg wurde 1895 als Aussichtsturm, vermutlich anlässlich des 80. Geburtstags von Otto von Bismarck, errichtet. Angeregt wurde der Bau des metallenen Turmes von einem Maschinenfabrikanten namens Heinrich Fricke, auf dessen Bitte hin das Gebäude als Bismarckturm bezeichnet wurde. Der populäre Name Eiserner Anton wurde dem Bau bereits kurz nach der Einweihung verliehen.

Die Herkunft dieses ungewöhnlichen Namens ist unklar. Der denkmalgeschützte, auf einem quadratischen Grundriss stehende Turm gehört zu den wenigen stählernen Bismarcktürmen in Deutschland. 42 Stufen führen auf die acht Meter hohe Aussichtsplattform, auf der man in südlicher Richtung eine schöne Sicht auf den Teutoburger Wald und die Bielefelder Stadtteile Senne und Sennestadt genießen kann. Im Norden kann man den Blick über die Ortsteile Stieghorst und Heepen bis hin zum Wiehengebirge schweifen lassen. Die Sicht auf die Bielefelder Innenstadt ist hingegen durch umliegende Bäume versperrt. Als der Turm erbaut wurde, war die Kuppe des Ebbergs unbewaldet. 2003 wurde der zuvor sanierungsbedürftige Turm unter Erneuerung des Sockels und der Lackierung originalgetreu restauriert. Das an einer Turmseite nahe der Jahreszahl 1895 befestigte Zeichen zeigt das Sparrenwappen der Grafschaft Ravensberg.

Für Liebhaber außergewöhnlicher Orte ist auch das Umfeld des Turms ein echter Geheimtipp. Man kann dort versteckt liegende Karstquellen entdecken oder sich auf die Suche nach der mythenumrankten Zwergenhöhle begeben. Die versteckt liegende Höhle, deren exakte Position an dieser Stelle nicht preisgegeben wird, ist die einzige Höhle im Bielefelder Stadtgebiet.

**Adresse** 33605 Bielefeld, Zugang vom Hotel/Restaurant Eiserner Anton (Waldschloss), Osningstraße 281 | **Anfahrt** A2 Ausfahrt Bielefeld-Süd, Paderborner Straße Richtung Bielefeld, rechts auf Osningstraße, Parkplätze auf dem Bergkamm. Von dort zu Fuß: Der Hermannsweg führt rechter Hand als gepflastertes Sträßchen nach 900 Metern zum Turm. | **Öffnungszeiten** Turm: ganzjährig; Restaurant: Mo–So ab 12 Uhr | **Tipp** Im Biergarten des Landhotels Bielefelder Höhe können Erwachsene fassfrische Biere genießen und Kinder in Sichtweite auf einem Naturabenteuerspielplatz herumtollen (Selhausenstraße 12–14, www.landhotel-bielefelder-hoehe.de).

# 24 Der Brunnen der Ravensburg

*Mythenumrankt und sagenhaft tief*

Menschen mit Tunnelblick sind am Brunnen der Ravensburg in ihrem Element. Aber nicht nur sie verfallen, wenn sie die große Tiefe des sagenumwobenen Burgbrunnens realisieren, in ungläubiges Staunen. Manche Sagen berichten, dass der Brunnenschacht der Burg Ravensberg (oder kurz Ravensburg) kein Ende habe und von Riesen erbaut worden sei. Einer anderen Legende nach ist er das Werk zweier gefangener Ritter, die den Schacht in zehn Jahren harter Arbeit in den Fels schlugen. Tragischerweise fanden beide, kurz nachdem der Brunnen fertiggestellt und ihnen ihre Freiheit geschenkt worden war, den Tod.

Der 104 Meter tiefe Ravensburg-Brunnen reicht bis unter die Bundesstraße 68 am Fuße des Ravensbergs und ist nach dem Kyffhäuser-Brunnen der tiefste noch intakte mittelalterliche Burgbrunnen Deutschlands. Er stellt eines der Relikte einer gewaltigen Burganlage dar, die um die Wende vom 11. zum 12. Jahrhundert unter den Grafen von Calvelage – sie nannten sich später die Grafen von Ravensberg – erbaut wurde. Schicksalhaft für die Burg war das Jahr 1733, als Friedrich Wilhelm I. von Preußen die meisten Gebäude abreißen ließ. Vom Abriss verschont blieben der bis 1830 als Gefängnis genutzte Wehrturm, ein Großteil der mächtigen Ringmauern und der Brunnen.

Wer heute die Ravensburg besucht, ahnt kaum, dass das inzwischen prächtig hergerichtete Ausflugsziel noch vor 20 Jahren vor dem Niedergang stand. Kurz bevor das Land Nordrhein-Westfalen als Eigentümer die Immobilie an einen privaten Investor verkaufen musste, gelang es den Bürgern aus der Region, beträchtliche Spenden zusammenzutragen und im Jahr 2004 eine Stiftung ins Leben zu rufen, um die Zukunft des Denkmals zu sichern.

Der sagenhafte Brunnenschacht liegt nahe am Wehrturm unter dem Brunnenhaus und kann geführt besichtigt werden.

**Adresse** Burg Ravensberg 1, 33829 Borgholzhausen (www.burg-ravensberg.de), Zugang zum Beispiel von der Clever Schlucht | **Anfahrt** aus Richtung Bielefeld auf B 61, dann B 68 Richtung Halle, an Halle vorbei, kurz vor Borgholzhausen rechts in die Clever Schlucht (Parkplatz), von dort auf schönem Fußweg (in Cleve links abbiegen) nach einem Kilometer zur Burg | **Öffnungszeiten** Brunnen: im Rahmen einer Führung, meist an Sonn- und Feiertagen; Burggelände ganzjährig zugänglich | **Tipp** für Schüler und Lehrer: Im Grünen Klassenzimmer am Burgeingang können bis zu 100 Personen gleichzeitig von pädagogischen Mitarbeitern der Stiftung mit geschichts- und naturkundlichen Themen betreut werden.

# 25__Die geheimnisvollen Steine

*Legendentreffen im Märchen-Geo-Garten*

Sie heißen tatsächlich so. Das Schild mit der Aufschrift »Geheimnisvolle Steine aus Borgholzhausen« ist klein, aber unmissverständlich. Und es hält sich ebenso wie die drei mythenumrankten Steine, auf die es verweist, in einer Ecke des Geo-Gartens verborgen.

Der Platz für die einst an verschiedenen Orten rund um Borgholzhausen liegenden Steine hätte nicht besser gewählt werden können. Der zum Kultur- und Heimathaus (siehe Seite 60) gehörende Geo-Garten, in dem 250 Millionen Jahre Erdgeschichte auf 250 Quadratmetern erklärt werden, ist ein Ort von besonderer Schönheit und außergewöhnlicher Stille. Nicht wenige betrachten ihn als Kraft- und Meditationsort. Wer zwischen der 2005 errichteten Skulptur der Neujahrssänger und dem Kultur- und Heimathaus den Garten betritt, erblickt die ersten Stationen des Geo-Gartens, einen prächtigen Kirschbaum und eine nicht minder prächtige Trauerweide. Die geheimnisvollen Steine stehen zurückgesetzt an der Rückseite des Museumsgebäudes gegenüber der Kirsche.

Am meisten ist über das links stehende uralte Sandstein-Wegkreuz aus dem sogenannten Schulzen-Garten bekannt. Es befand sich ab 1900 vor der Gartenmauer einer gegenüber der Straße liegenden Villa und wurde bei einer Straßenverbreiterung in den 1970er Jahren liegend in das Pflaster des Hofes der damaligen Firma Schulze eingefügt. Der Sage nach brachten sich einst zwei Brüder mit ihren Sicheln oder Sensen an diesem Kreuz um.

Ein eindrucksvoller Stein ist die rechts vom Wegkreuz stehende Säule mit gut ausgearbeiteten Figurenmotiven, vermutlich der Judenstein vom Klingenhagen. An diesem Stein sollen einer Legende zufolge einst diejenigen, die bei Berührung des Steines Lügen aussprachen, vom Blitz getroffen und getötet worden sein. Über den dritten, vorn liegenden Opferstein aus dem Sundern ist kaum etwas bekannt.

**Adresse** Museum Borgholzhausen, Kultur- und Heimathaus, Freistraße 25, 33829 Borgholzhausen | **Anfahrt** aus Richtung Bielefeld (Stapenhorststraße) auf L 785 (Wertherstraße, Bielefelder Straße) an Werther vorbei nach Borgholzhausen, dort links auf Kaiserstraße (verläuft weiter als Freistraße) | **Tipp** Vom nahe gelegenen Luisenturm hat man eine schöne Aussicht über Borgholzhausen und die Hänge des Teutoburger Waldes. Zuvor müssen allerdings 89 Stufen erklommen werden.

# 26 Die Großammoniten

*Die weltweit größte Ansammlung im Heimathaus*

Die paläontologische Sensation ereignete sich 2001, als der Geologe Cajus Dietrich bei einem Spaziergang im Borgholzhausener Wald an der Wand des sogenannten Fahrtmann-Didier-Steinbruchs die Abdrücke außergewöhnlicher Ammoniten entdeckte. Mehr als 15 dieser zu den Kopffüßern gehörenden Urzeittintenfische, die in der Devon- und Kreidezeit die Weltmeere bevölkerten, hatten dort eine zusammenhängende Fläche (Kolk) gebildet. Mit einem Durchmesser von jeweils 50 Zentimetern waren die gefundenen Ammoniten allesamt überdurchschnittlich groß. Der daher auch als Riesen- oder Großammoniten-Kolk bezeichnete Kolk gilt als die größte Ansammlung dieser Tiere.

Nachdem der Kolk freigelegt und an der Universität Münster präpariert worden war, präsentierte man ihn am 20. April 2002 erstmals einer größeren Öffentlichkeit. An diesem Tag wurde in einem schmucken, 1799 errichteten Querdeelenhaus, einem der letzten Ackerbürgerhäuser im Borgholzhausener Stadtzentrum, das Kultur- und Heimathaus eröffnet. In dem liebevoll eingerichteten Museum kann man seitdem nicht nur den Kolk, sondern auch andere Schätze aus dem Borgholzhausener Raum bewundern. Man stößt auf 240 Millionen Jahre alte Saurierfährten, den Originalnachbau eines Wohnzimmers aus den 1930er Jahren – die gute Stube vom Lande –, einen Raum mit einem Nachlass aus einem alten Fotoatelier – mit einer echten Camera obscura – und auf die Ziegler'sche Apotheke, die aus dem Jahr 1789 stammt. Daneben werden im Museum Dauer- und Wechselausstellungen regionaler Künstler gezeigt. Die Deele als Eintrittsraum in das Museum und zentraler Raum des Hauses dient als Versammlungs- und Veranstaltungsort. Sie steht für Konzerte, Vorträge, Kleinkunstaufführungen und Sonderausstellungen zur Verfügung. Wer möchte, kann in der Deele sogar heiraten. Dinosaurier und Urzeittintenfische sind auch im Fossilgewand unvergessliche Trauzeugen.

**Adresse** Museum Borgholzhausen, Kultur- und Heimathaus, Freistraße 25, 33829 Borgholzhausen | **Anfahrt** wie bei Ort 25 | **Öffnungszeiten** Mi, So 15–18 Uhr | **Tipp** Die ehrwürdige evangelische Pfarrkirche mit ihrem steingeschnitzten Altar aus dem Jahr 1501 ist ebenfalls ein lohnendes Ziel (Kampgarten 1).

# 27_Das Ladencafé Schulze

*Lebkuchen das ganze Jahr*

Einst war Borgholzhausen bis weit ins Land als Lebkuchenstadt bekannt. Noch vor 100 Jahren sollen Borgholzhausener Duftmischungen aus Koriander, Ingwer, Nelken und Muskat bis in die Altstadtgassen von Bielefeld gezogen sein – entsprechende Westwinde vorausgesetzt. Es war um das Jahr 1740, als sich die ersten Lebkuchenbäcker aus dem Nachbarort Dissen in Borgholzhausen ansiedelten und so dem neuen Wirtschaftszweig des Honigkuchen-Bäckerhandwerks den Weg ebneten. Nachdem in der kleinen Stadt 1827, 1830 und 1861 Lebkuchenfabriken gegründet worden waren, florierte das Lebkuchengeschäft viele Jahre lang. Erst in den letzten Jahrzehnten ging die Borgholzhausener Lebkuchenproduktion stark zurück.

Der heutzutage in Borgholzhausen produzierte Lebkuchen stammt aus der letzten im Ort verbliebenen Lebkuchenfabrik. Es ist die 1830 gegründete Firma Heinrich Schulze, ein seit nunmehr fünf Generationen in Borgholzhausen ansässiger Familienbetrieb, der seit 1997 seine Waren unter dem Namen »von Ravensberg« vertreibt.

In einem Laden mit zwei nostalgisch gestalteten Verkaufsräumen im einstigen Stammhaus der Firma kann man die Lebkuchen- und Gebäckspezialitäten aus der benachbarten Fabrik das ganze Jahr über erstehen. In dem Café, das dem Geschäft angeschlossen ist, lassen sich Torten und andere Naschereien an warmen Tagen auch auf der Gartenterrasse verzehren.

Das in den Verkaufsräumen feilgebotene Lebkuchenwerk und Gebäck stammt zu 100 Prozent aus der Fabrik. Eine besondere Spezialität ist das in mehreren Varianten erhältliche Bremer Brot. Wer mag, kann im Laden nach eigenen Wünschen gestaltete Lebkuchenherzen mit kleiner Wartezeit vorbestellen. Individuell gestaltete Riesenherzen, beispielsweise zur Hochzeit, brauchen ein wenig länger. Die im Geschäft angebotenen kostenlosen Gebäckproben schmecken vorzüglich, und auch der Videofilm, der die Herstellung des Naschwerkes zeigt, ist sehenswert.

**Adresse** Freistraße 23, 33829 Borgholzhausen, www.von-ravensberg.de | **Anfahrt** wie bei Ort 25 | **Öffnungszeiten** Ladencafé: Mo–Fr 8.30–18.30 Uhr, Sa 8.30–13 Uhr (Sept.–Dez. Sa bis 18 Uhr), So 14–18 Uhr (Nov.–Dez. So ab 11 Uhr), Fabrikbesichtigung auf Anfrage | **Tipp** Sehr sehenswert sind die Aufführungen des Piumer Bauerntheaters in plattdeutscher Sprache auf der malerischen Natur- und Freilichtbühne im ehemaligen Bönkerschen Steinbruch (Bergstraße).

# 28 Onkel Ron's Lädchen

*Holländische Frische für alle Waldbewohner*

Es war ein warmer Tag im August 2012, als die im Teutoburger Wald heimischen Genießer holländischer Lebensmittel spürbar aufatmeten. Um ihre geliebten Waren zu beziehen, mussten sie plötzlich nicht mehr die A 30 in Richtung Amsterdam aufsuchen. Grund dafür war (und ist) eine brillante Idee, die in Onkel Ron's Lädchen ihren mobilen Niederschlag fand.

Der 1953 in 's-Gravenhage (Den Haag) geborene Ronald van Zijp, den alle nur Onkel Ron nennen und der seit 1975 im Teutoburger Wald heimisch ist, verwirklichte mit seinem Wohnwagen-Lädchen einen Jugendtraum. Ob in seinem Wohnort Borgholzhausen, Halle, Hesseln, Steinhagen, Versmold, Werther oder Jöllenbeck: Onkel Ron taucht mit seinem bunten Wagen jeweils alle 14 Tage auf Märkten des Teutoburger Waldes auf, um die Menschen mit frischen holländischen Waren zu versorgen. Vom nordholländischen Käse über Weichlakritz bis hin zu Vla und anderen liebevoll dargebotenen Leckereien kann man bei ihm alles erwerben. Der Verkaufswohnwagen, seine Farbe und Innenarchitektur sind ebenfalls holländisch. Zur Ausstattung des Lädchens gehören beispielsweise nostalgische Gardinen, Lämpchen und eine große Fahrradklingel (mit der man Onkel Ron an seinen Stand zurückrufen kann).

Neben der Herkunft seiner Produkte ist Onkel Ron auch deren Frische wichtig. Die meisten seiner Waren werden nach Enschede und Hengelo, also in den Osten der Niederlande geliefert, wo Onkel Ron die frische Ware alle 14 Tage abholt. Hierbei werden auch individuelle Kundenwünsche berücksichtigt. Den beliebten Matjes erhält man bei Onkel Ron portioniert in tiefgekühlten Säckchen – der Hering wird direkt auf dem Schiff filetiert und tiefgefroren.

Onkel Ron ist im Übrigen auch für Menschen, die gern plaudern oder etwas auf dem Herzen haben, eine gute Adresse. Denn neben frischen holländischen Waren verfügt er auch über einen erfrischenden Humor und erfrischend offene Ohren.

Adresse zum Beispiel ehemalige freie Tankstelle von Garlich, Bielefelder Straße, 33829 Borgholzhausen (Ortseingang aus Richtung Bielefeld), weitere Standorte unter www.echt-holland.de | Anfahrt wie bei Ort 25 | Öffnungszeiten Infos unter www.echt-holland.de | Tipp Ein kleines Juwel ist das Wasserschloss Brincke mit seinem doppelten Wassergraben und einem malerischen, auch öffentlich zugänglichen Park (Wanderparkplatz Brincker Weg 15).

# 29 Der alte Milchpilz

*Einer der letzten seiner Art*

Ein wenig verschrumpelt sieht er schon aus, und auch das umliegende Gelände gehört nicht zu den schönsten der Stadt. Und dennoch ist der Imbiss am Borgholzhausener Bahnhof mit der sonderbaren Form eines Fliegenpilzes ein ganz besonderer Ort.

Der Pilzimbiss an der Versmolder Straße ist einer der letzten Pilzkioske, die noch in Betrieb sind. Die in den 1950er Jahren zur Verkaufsförderung von Milch und Milchprodukten entwickelten Pilze galten einst als Zeichen des deutschen Wirtschaftswunders. Der erste Milchkiosk in Fliegenpilzform wurde im Mai 1952 in Bayreuth als Milchverbrauchswerber präsentiert. Der Hersteller, die Hermann Waldner KG, ließ sich den Entwurf und den Namen Milchpilz gesetzlich schützen und vertrieb die Pilze bis in die späten 1950er Jahre europaweit.

Der Borgholzhausener Milchpilz wird bereits seit 1979 als Schnellimbiss genutzt. In jenem Jahr hatte Fritz Kottemann, ein einheimischer Pilzkenner, das Gebäude von unbekannter Stelle an seinen heutigen Ort transportiert und liebevoll restauriert. Maria Gottesmann, die jetzige Inhaberin des Pilzes, half schon damals als 14-jähriges Mädchen beim Verkauf. Im März 2016 führte die engagierte Imbissfachfrau ihren Milchpilz 30 Jahre. Bis heute können die im Innenraum des Pilzes zubereiteten Speisen, darunter die beliebte Bratwurst vom Holzkohlengrill, im angebauten Holzverschlag an der Pilzrückseite oder an der frischen Luft verzehrt werden. Abgesehen von einem Lüftungsbrand im Jahr 1988, als ein grauer Ascheregen im Pilzstil niederging, blieb der Pilz glücklicherweise von schlimmen Vorkommnissen verschont.

Wegen der Beliebtheit des Pilzes eröffnete Maria Gottesmann im Januar 2008 in der Nähe einen weiteren Pilzimbiss. Der große Bruder des Bahnhofspilzes – er hat einen Durchmesser von zwölf Meter und ein mächtiges Lamellendach – ist ebenfalls beliebt, versprüht aber nicht den nostalgischen Charme des betagten Originals.

**Adresse** Originalpilz: Versmolder Straße, Ecke Industriestraße in 33829 Borgholzhausen-Oldendorf; Pilznachbau (Marias Pilz-Imbiss): Kurt-Nagel-Straße 2a, Ecke Versmolder Straße | **Anfahrt** (Originalpilz) aus Richtung Bielefeld auf B 61, dann B 68, an Halle vorbei, bei Borgholzhausen links in die Versmolder Straße und direkt wieder links in die Industriestraße (Parkmöglichkeiten rechter Hand am Bahnhof) | **Tipp** Ein heimeliger Ort in Borgholzhausen ist der Hof Brune mit seinem lauschigen Café inmitten eines großen Kräutergartens (Versmolder Straße 17).

# 30 Die Adolfstraße

*Wo die Fachwerkhäuser auf der Stadtmauer sitzen*

Im Osten der Detmolder Altstadt taucht die Adolfstraße eher unerwartet auf. Schon nach wenigen Metern betritt man eine fremde Welt: Denkmalgeschütze Fachwerkhäuser, deren Obergeschosse sich leicht zur Straße hin neigen, blicken dem neugierigen Besucher wohlwollend durch verdunkelt scheinende Fenstergläser entgegen. Nahezu alle Gebäude sind liebevoll dekoriert, und aus den aufgestellten Blumenkübeln entströmt der würzige Duft der Pflanzen. In vielen Fenstern sitzen Katzen. Meist mimen sie Desinteresse und blicken teilnahmslos durch die Besucher hindurch.

Die Fachwerkhäuser in der Adolfstraße wurden um das Jahr 1650 erbaut. Aus Mangel an Baugelände und aus Kostengründen wurde das Obergeschoss der in einer Reihe stehenden Häuser rückwärtig auf die Stadtmauer gesetzt. (Dies kann man gut erkennen, wenn man nach dem Besuch der Adolfstraße die parallel zur Häuserrückseite verlaufende Grabenstraße besichtigt.) Die östliche Erdgeschosswand dieser Häuser ist also die Stadtmauer.

In den Häusern wohnten einst einfache Handwerker und Tagelöhner. 1968 wurden die Häuser der Adolfstraße 11 bis 15 komplett abgetragen, nach Abbau rekonstruiert und umgebaut. Für das Fachwerk wurde das Eichenholz einer angekauften Scheune verwendet, die ebenfalls aus dem 17. Jahrhundert stammte. Andere Häuser wurden nach 1980 unter Wahrung der Bausubstanz saniert. Derzeit sind alle Häuser der Adolfstraße, mit Ausnahme von Nummer 1, bewohnt. Haus Nummer 3 wurde zu einem Ferienhaus umgebaut, in dessen verwinkelten Räumlichkeiten man das Leben anno 1650 nacherleben kann.

Benannt wurde die Adolfstraße nach dem Buchbindermeister Adolf Schuhmacher, der 1851 in diese Straße zog. Der aus dem Hannoverschen zugezogene Buchbinder hatte im Januar 1851 das Detmolder Bürgerrecht erworben. Zu seiner Zeit (bis 1879) trug die Straße allerdings noch den Namen Hintere Straße oder Grabenmauerstraße.

**Adresse** Adolfstraße, 32756 Detmold, Zugang zum Beispiel von der Exterstraße (kein Parkraum auf der Adolfstraße) | **Anfahrt** A 2 Ausfahrt Bielefeld-Süd, B 66 Richtung Detmold/Lage, in Lage rechts auf B 239, der Straße folgen, weiter auf Lagesche Straße, in Detmold rechts auf Wittekindstraße, links auf Industriestraße, weiter auf Wotanstraße, Behringstraße, rechts auf Hasselter Platz, weiter auf Leopoldstraße, rechts auf Exterstraße | **Tipp** Wer alte Häuser liebt, sollte eine der größten Touristenattraktionen in Ostwestfalen-Lippe, das LWL-Freilichtmuseum, besuchen. Das beeindruckende Museum mit über 100 historischen Häusern auf 90 Hektar Fläche ist das größte Freilichtmuseum Deutschlands (Paderborner Straße, www.lwl-freilichtmuseum-detmold.de).

# 31 Die Altenbernd-Gedenktafel

*Die Inschrift, die zum Singen verführt*

Vor dem unscheinbaren Häuschen an der Grabbestraße 1, dort, wo die Fußgängerzone beginnt, sieht man manchmal im Schatten des Mühlenbachs Menschen gedankenvoll verweilen. Oft stehen sie allein dort, bisweilen aber auch zu zweit, und mustern still die alte Gedenktafel an der Fassade. Kurz darauf beginnen sie zu singen. Leise, fast schuldbewusst und nur für eine kleine Zeit. Sobald sich ein Passant mit seinen Shoppingtüten nähert, verstummen ihre Stimmen.

An der Grabbestraße 1 starb am 11. April 1890 Ludwig Altenbernd, »des Lipperlandes begeistertster Sänger«. So wissen es die in sattem Rost eingebetteten Buchstaben im inspirierenden Genitiv auf der Altenbernd-Gedenktafel zu berichten.

Das Sterbehaus in der Grabbestraße markiert die letzte Lebensstation des von einem schweren Schicksalsschlag heimgesuchten Multitalents, das nicht nur leidenschaftlicher Sänger, sondern auch Naturliebhaber, Heimatdichter, Komponist, Privatlehrer und Rechnungsbeamter war. Altenbernd, im Jahr 1819 in der lippischen Gemeinde Augustdorf geboren, verunglückte bereits als junges Kind im Garten seiner Eltern derart schwer, dass seine Beine zeitlebens gelähmt und sein Rücken versteift waren. Wegen seiner Behinderung wurde der wissbegierige Sennejunge zunächst zu Hause unterrichtet. Später bildete sich Altenbernd autodidaktisch in Fremdsprachen und Mathematik und erlernte das Klavierspiel. Nach seinem Umzug nach Detmold qualifizierte sich Altenbernd als Kammerkalkulator und arbeitete für die fürstliche Regierung. Um trotz Behinderung die von ihm geliebte Senne bei Augustdorf zu besuchen, benutzte er einen kleinen grauen Esel als Reittier.

Altenbernd veröffentlichte einen viel beachteten Gedichtband – ein weiterer erschien nach seinem Tod –, publizierte Übersetzungen aus dem Englischen und schrieb das später mehrfach vertonte Lied »Die Heimat«. Es gehört noch heute zum lippischen Sangesgut.

Adresse Grabbestraße 1, 32756 Detmold, Zugang zum Beispiel vom Kaiser-Wilhelm-Platz (wenig Parkraum auf Grabbestraße und Paulinenstraße) | Anfahrt A 2 Ausfahrt Bielefeld-Süd, B 66 Richtung Detmold/Lage, in Lage rechts auf B 239, der Straße folgen und weiter auf Lagesche Straße, in Detmold rechts auf Paulinenstraße, rechts auf den Parkplatz am Kaiser-Wilhelm-Platz, von dort zu Fuß: rechts in die Paulinenstraße, links in die Grabbestraße | Tipp Nur ein paar Schritte entfernt liegt das sehenswerte Lippische Landesmuseum. Das rechter Hand liegende Naturkundehaus gehört ebenfalls zum Landesmuseum.

# 32 Die Alte Pauline

*Die wunderliche Karriere einer Kinderbewahranstalt*

Erhalt oder Abriss? Über das Schicksal der Alten Pauline wird seit Langem lebhaft diskutiert. Wer zum ersten Mal das sanierungsbedürftige Haus Nummer 3 an der Bielefelder Straße mit seinen von Graffiti überzogenen Fassaden erblickt, entwickelt häufig zwiespältige Gefühle. Dennoch besitzt das denkmalgeschützte Gebäude einen eigentümlichen Reiz, der vermutlich mit der facettenreichen Vergangenheit des Hauses zusammenhängt.

Begonnen hat die Geschichte der Alten Pauline im Jahr 1874, als der damalige Frauenverein zu Detmold das Gebäude errichten ließ, um dort eine sogenannte Kinderbewahranstalt einzurichten. Die Ausrichtung des Gebäudes wurde so gewählt, dass den Kindern geräumiger Spielraum und ein sonniger Garten zur Verfügung standen. Am 8. Juni 1874 wurde der Kindergarten eingeweiht und trug fortan den Namen Paulinen-Anstalt. Der damalige und heutige Name wurde in Gedenken an die Fürstin Pauline gewählt, die bereits 1802 in Detmold die Gründung eines der ersten deutschen Kindergärten initiiert hatte. Heutzutage nutzt der gemeinnützige Verein Kulturinitiative Detmold die Alte Pauline als Kultur- und Kommunikationszentrum in Selbstverwaltung. In dem Gebäude finden in erster Linie Konzerte statt.

Wenn man die Besucher der Alten Pauline fragt, was für sie das Besondere an diesem Gebäude ist, erhält man ein buntes Spektrum an Antworten. Wer einen offiziellen Text über die Wertschätzung der Alten Pauline sucht, wird in der Denkmalwertbegründung aus dem Jahr 2003 fündig. Dort heißt es, dass das Gebäude Bestandteil der kulturellen Identität der Detmolder Bevölkerung sei und dass der hier erhaltene Typ einer größeren Kinderbewahranstalt Seltenheitswert habe. Das Gebäude gebe Aufschluss über die damaligen Erfordernisse der Pädagogik und Gesundheitsfürsorge sowie deren bauliche Umsetzung. Diesen Worten wird nur selten widersprochen.

Adresse Bielefelder Straße 3, 32756 Detmold | Anfahrt wie bei Ort 31. Von der Paulinenstraße rechts in die Bielefelder Straße (Parkmöglichkeit linker Hand gegenüber der Alten Pauline auf dem Parkplatz der Sparkasse oder rechts auf den Parkplatz am Kaiser-Wilhelm-Platz). Von dort zu Fuß: rechts in die Paulinenstraße, rechts auf die Bielefelder Straße, das Haus liegt rechter Hand | Tipp Wer kleine, individuell gestaltete Geschäfte liebt, sollte in Detmold die Krumme Straße aufsuchen. Eines dieser Geschäfte ist die Löffelweise, die auf den Verkauf von Suppen spezialisiert ist (Krumme Straße 31, www.detmolder-loeffelweise.de).

# 33_Fußballgolf

*Freizeitspaß für kleine und große Helden*

Ihr gefühlvoll getretener Ball rollt langsam den Hügel hinauf. Er steuert geradewegs auf seinen Bestimmungsort, eine kleine, mit einer Fahne gekennzeichnete Mulde, zu. Doch kurz bevor er sie erreicht, stoppt er ab und rollt den Hügel wieder hinab. Pech gehabt! Ein neuer Versuch muss her. Die Frau schließt die Augen, konzentriert sich und tritt den Ball erneut in Richtung Mulde. Dieses Mal hat sie mehr Glück. Unter dem Jubel ihrer Freunde – Juchzen und Schreien sind beim Fußballgolf erlaubt – findet der Ball seinen Weg ins Ziel. Zwei unter Par, das ist bei dieser Bahn eine echte Sensation.

Fußballgolf ist ein spannendes, fröhliches und kommunikatives Spiel. Ziel des vermutlich aus Schweden stammenden Golfabkömmlings ist es, einen Fußball mit möglichst wenigen Tritten in ein Loch oder Netz zu spielen. Der Schläger beim Golf ist also der eigene Fuß. Auf dem Rundgang über den Fußballgolf-Platz gelangen die Spielenden zu Bahnen mit unterschiedlichem Schwierigkeitsgrad. Bälle müssen an Hindernissen vorbeigespielt, hinübergelupft und manchmal auch weit in die Peripherie hinaus getreten werden. Für jede Bahn gibt es eine Par-Zahl, also eine Richtlinie für die Anzahl der Schüsse bis zum Erreichen des Ziels.

In Deutschland ist Fußballgolf erst seit Kurzem ein spielbares Freizeitvergnügen. Die erste deutsche Anlage entstand 2006 in Dirmstein in der Pfalz, der erste deutsche Fußballgolf-Club wurde im Dezember 2006 in Detmold gegründet. Auf dem Detmolder Fußballgolf-Platz kann man sein fußballerisches Geschick auf 18 Spielbahnen (Par 72) mit einer Gesamtbahnenlänge von knapp zwei Kilometern erproben. Zu der idyllisch auf einer Anhöhe am Segelflugplatz gelegenen Anlage gehört auch ein Gastronomiebetrieb. Fußballgolf-Profis kommen in Detmold ebenfalls auf ihre Kosten: In der Stadt werden inzwischen regelmäßig nationale und internationale Meisterschaften ausgespielt.

**Adresse** Soccerpark Detmold, Volkwinstraße 64, 32756 Detmold, www.fussballgolf-detmold.de | **Anfahrt** A 2 Ausfahrt Bielefeld-Süd, B 66 Richtung Detmold/Lage, in Lage rechts auf B 239, der Straße folgen, weiter auf Lagesche Straße, links auf Georgstraße, weiter auf Sylbeckerstraße, rechts auf Siegfriedstraße, im Kreisverkehr zweite Ausfahrt (Brunnenstraße), weiter auf Volkwinstraße | **Öffnungszeiten** siehe www.fussballgolf-detmold.de | **Tipp** Hoch aufsteigende Bälle, Segelflugzeuge am Himmel, ein Hügel über den Toren der Stadt – wer nach einer Runde Fußballgolf weiter vom Fliegen träumen mag, kann die Adlerwarte Berlebeck aufsuchen. Dort lassen sich die Luftakrobaten des Himmels auch im Freiflug beobachten (Hangsteinstraße, www.adlerwarte-berlebeck.de).

# 34 Hermanns linker Fuß

*Wo man dem Römerschreck am nächsten ist*

Jahr für Jahr pilgern Abertausende Touristen zum Hermannsdenkmal, um auf Deutschlands höchster Statue das Abbild des Cheruskerfürsten Arminius zu bestaunen. Der auch als Hermann der Cherusker bekannte glorreiche Sieger der Varusschlacht wahrt dabei jedoch stets einen gewissen Abstand zu seinen Besuchern. Seit der Legende nach ein Tourist aus dem Nasenloch des tapferen Fürsten fiel, ist die öffentliche Besteigung der umschwärmten Figur untersagt.

Eingefleischte Fans des römischen Widersachers müssen sich jedoch nicht grämen, denn seit 2009 können sie in Detmolds Innenstadt ihrem Idol näher kommen als je zuvor. In jenem Jahr wurde anlässlich der Festlichkeiten des Varusjahres gegenüber dem Landestheater Hermanns linker Fuß originalgetreu, also in derselben Größe, Form und Farbe wie bei der Hermannstatue, aufgestellt. Hierzu wurde zunächst eine Abformmasse auf Hermanns linken Fuß gegossen, der dann mit einem zusätzlichen Stützmantel überzogen wurde. So entstand die Form für den Gipsabdruck, der dann noch mit einer grünen Lasierung überzogen wurde.

Hermanns linker Fuß ist 1,6 Tonnen schwer und steckt in einer 2,10 Meter messenden Sandale mit der Schuhgröße 333. Diese Größe ist bei einer heldenhaften Körpergröße von 26,57 Metern durchaus zu erwarten.

Es soll nicht verschwiegen werden, dass Hermanns linker Fuß in den letzten Jahren kleinere Krisen durchschritt. Obwohl bislang keine Klagen bei der Stadt über zunehmenden Fußschweiß eingingen – immerhin hat Arminius keine Wechselsandalen –, wurden zuletzt vermehrt Risse und Abblätterungen an der Fußstruktur festgestellt. Bislang eilten bei derartigen Zipperlein jedoch Pedikürefachfirmen zu Hilfe, deren Mitarbeiter in der Fußpflege verstorbener Helden geschult sind. Hermanns linker Fuß wird also auch in den nächsten Jahren ein Geheimtipp für alle Follower des beliebten Cheruskerfürsten sein.

Adresse Kreuzungspunkt Ameide, Bismarckstraße, Rosental, 32756 Detmold (gegenüber dem Lippischen Landestheater) | Anfahrt A 2 Ausfahrt Bielefeld-Süd, B 66 Richtung Detmold/Lage, in Lage rechts auf B 239, Straße folgen und weiter auf Lagesche Straße, in Detmold rechts auf Wittekindstraße, links auf Industriestraße, weiter auf Wotanstraße, rechts auf Doktorweg, Parkplätze an der Bismarckstraße, im Rosental und am Theater | Tipp Arminius in voller Größe? Wer diesem Gedanken nicht widerstehen kann, kann sich den Pilgerströmen zum Hermannsdenkmal anschließen oder den Fürsten bei spannender Unterhaltung vergessen (Lippisches Landestheater, Theaterplatz 1, www.landestheater-detmold.de).

# 35 Die Riesendonut-Bank

*Süße Mittagspause ohne Reue*

In der Sonne funkeln die bunten Keramikplättchen besonders verführerisch. Dass man sich auf die fein miteinander verwobenen Mosaiksteine setzen darf, irritiert so manchen Sitzplatzsuchenden. Die hübschen Plättchen sind Zuckerguss nachempfunden und bilden die Glasur eines riesigen, aus Beton gegossenen Donuts. Im Gegensatz zu seinen kleinwüchsigen, in schwimmendem Fett gebackenen Verwandten ist der prächtige Donut am Detmolder Schlossteich nicht nur kalorienfrei, sondern auch eine wunderschöne Bank, auf der man stundenlang verweilen kann.

Unter den Detmolder Banken gilt der Riesendonut inzwischen als echter Geheimtipp. Kommt man mittags am Schlossteich vorbei, ist von der Donut-Farbenwelt meist nur wenig zu sehen. Viele Detmolder bringen auch ihr Mittagessen hierher. Interessanterweise sind es eher die gesunden Speisen, die auf der Donut-Bank verzehrt werden. Obst oder auch mal ein bunter Salat, auf seinem Dessert sitzt man ja schon.

Der Detmolder Riesendonut hat eine junge Geschichte. Im Sommersemester 2013 bekamen die Innenarchitekturstudenten an der Hochschule Ostwestfalen-Lippe in ihrer Abschluss-Projektarbeit die Aufgabe, einen Platz für Jugendliche in Detmold zu gestalten. Aus den eingegangenen Entwürfen wählte eine städtische Kommission zehn zur Verwirklichung aus, die am Schlossteich, unweit des Restaurants Spieker, aufgestellt wurden. Unter ihnen war auch der von Albina Schwebs entworfene Donut. Im Februar 2014 wurde die Donut-Bank beim erstmals von der Hochschule verliehenen Spieker-Preis sogar auf Platz zwei gewählt. Via Facebook hatte die Hochschule alle Interessierten aufgerufen, über ihr Lieblingsobjekt abzustimmen. Mehr als 4.500 Interessenten wählten ihren Favoriten. Mit 424 erzielten Stimmen verfehlte der Riesendonut den von Olga Mnatsakanyan und Serap Akkus erschaffenen Siegerbeitrag »Trio«, ein skurriles Betonhocker-Dreigestirn, nur um 46 Stimmen.

**Adresse** Höhe Ameide 8, 32756 Detmold | **Anfahrt** wie bei Ort 31, vom Kaiser-Wilhelm-Platz zu Fuß: rechts in die Paulinenstraße, links in die Grabbestraße, rechts auf die Ameide | **Tipp** Im Café jederman im wunderschön verzierten Spieker-Haus munden lippische Spezialitäten wie Pickert und Wurstebrei besonders gut (Ameide 8, www.jederman-im-spieker.de).

# 36 Der Dreiflussstein

*Wo das Wasser sich entscheiden muss*

Die Zukunft eines Wassertropfens, der eine Regenwolke über dem Lipperland zwischen Detmold und Augustdorf verlässt, entscheidet sich wenige Meter oberhalb des Dreiflusssteins. Landet er östlich des Steines, darf er in Richtung Weser weiterreisen. Landet er hingegen im Nordwesten, fließt er in der Ems. Ein südwestlich des Steines auftreffender Tropfen darf, mit etwas Glück, irgendwann die lieblichen Fluten des Rheins genießen.

Grund für dieses Phänomen ist die Lage des Dreiflusssteins, der 2009 am hydrographischen Wasserscheidepunkt zwischen Rhein, Ems und Weser errichtet wurde. An diesem Punkt begegnen sich die Rhein-Weser-, die Weser-Ems- und die Rhein-Ems-Wasserscheide. Rund um den Stein, der auch ein Symbol für den Weg Europas zu guten Gewässern ist, wurden auf dem Boden alte Pflastersteine aus Detmold und Platten mit den Namen der Flüsse aus den dort anzutreffenden typischen Gesteinen eingelassen: Gildehauser Sandstein für die Ems, Roter Wesersandstein für die Weser und Rheinischer Schiefer für den Rhein. Der Stein selbst besteht wie der Hauptkamm des Teutoburger Waldes aus Osning-Sandstein.

Ein idyllischer am Stein entlang führender Rundweg beginnt in der Heidental-Hochebene zwischen den Bergen der Grotenburg mit dem Hermannsdenkmal zur Linken und dem Bielstein mit den Sendemasten des Westdeutschen Rundfunks auf der rechten Wegseite. Folgt man der zunächst asphaltierten Heidentalstraße (oberer Weg) geradeaus bis etwa 200 Meter hinter die letzten Häuser und wendet sich dann nach rechts, erreicht man in einem großen Rechtsbogen (Abzweigungen ignorieren) eine auf dem Bergkamm liegende T-Kreuzung – der Sendemast liegt stets rechts. Nun folgt man dem mit X10 (Lönspfad) und R (Residenzweg) markierten Kammweg zum Dreiflussstein nach links. Der Rückweg führt über den am Dreiflussstein beginnenden Hohlweg zurück ins Heidental mit seinem munter plätschernden Heidenbach.

**Adresse** 32756 Detmold-Hiddesen, Zugang zum Beispiel vom Wanderparkplatz am Grillplatz Mufflonkamp, Heidentalstraße | **Anfahrt** aus Richtung Detmold (Bielefelder Straße) links auf Schubertplatz, weiter auf Hans-Hinrichs-Straße, Theodor-Heuss-Straße, Hindenburgstraße. Der Parkplatz liegt hinter dem Haus des Gastes (Hindenburgstraße 58) an der Kurve. Von dort zu Fuß (Hin- und Rückweg 7 Kilometer) | **Tipp** Nur wenige Autominuten entfernt liegt der Vogelpark Heiligenkirchen mit einer vor allem bei Kindern beliebten Papageien-Streichelwiese (Ostertalstraße 1, www.vogelpark-heiligenkirchen.de).

# 37 Das Hiddeser Bent

*Das letzte lebende Hochmoor*

Meist ist es Liebe auf den zweiten Blick. Wer zum ersten Mal die Aussichtskanzel am Hiddeser Bent betritt, schaut oft ratlos umher. Die einzigartige Schönheit der Landschaft, die sich zu Füßen des Besuchers ausbreitet, lässt sich nur selten sofort erfassen.

Das in einer flachen Mulde liegende torfhaltige Moor (Bent) bei Hiddesen ist das letzte noch lebende Hochmoor im Teutoburger Wald. Das stellenweise bewaldete Areal, eines der seltenen Hangmoore Nordwestdeutschlands, entstand um 7000 vor Christus über den wasserstauenden, mergelig-tonigen Ablagerungen des Unteren Jura. Von der außergewöhnlichen Fauna und Flora fallen dem Besucher vor allem die artenreiche Libellenschar und das für ein Hochmoor typische Wollgras ins Auge. Auch die Moor-Sklavenameise, eine seltene schwarze Ameise unserer Moore, krabbelt ab und an über den Weg. Einige der über 15 im Moor gefundenen Torfmoos-Arten sind an der Aussichtskanzel ebenfalls auszumachen.

Die heute sichtbare offene Moorfläche von etwa 2,5 Hektar ist nur noch ein Bruchteil jener Fläche, die das Moor einst an diesem Ort einnahm. Mitte des 18. Jahrhunderts waren es annähernd 90 Hektar gewesen. Diese drastische Verkleinerung kam nach dem Ende des Torfabbaus durch intensive Aufforstung der Landschaft mit Kiefern und Fichten zustande.

Ein malerischer Waldweg zum Bent beginnt am Donoper Teich. Das idyllisch gelegene Gewässer gehört zu den künstlich errichteten Staustufen des Hasselbachs und wurde lange für die Fischzucht benutzt. Entlang des Hermannswegs spaziert man links um den Teich herum und durch das heimelige Hasselbachtal zum schilfbewachsenen Krebsteich. Sein nährstoffarmes rotbraunes Wasser wurde einst zur Krebszucht verwendet. Wählt man vor dem Krebsteich den linker Hand bergan führenden Weg (Markierung A 7, A 9), trifft man nach 600 Metern auf einen mit einem Holzgeländer eingefassten Pfad. Er führt nach wenigen Metern zur Aussichtskanzel über dem Moor.

**Adresse** 32756 Detmold-Hiddesen, Zugang zum Beispiel vom Wanderparkplatz Donoper Teich, Stoddartstraße (L 944) | **Anfahrt** aus Richtung Detmold auf Bielefelder Straße, links auf Hiddeser Straße, weiter auf Platanenweg, links auf Stoddartstraße, Straße folgen. Der im Wald liegende Parkplatz ist dank Beschilderung gut zu finden. | **Tipp** Ein paar Autominuten in Richtung Lage steht das sehenswerte Museum für russlanddeutsche Kulturgeschichte. Es gibt dem Weg der Russlanddeutschen ein profundes und nachdenklich stimmendes Gesicht (Georgstraße 24, www.russlanddeutsche.de).

# 38 Der Fernmeldeturm Dissen

*Schweißtreibender Traumblick*

Als 1956 in Stuttgart der weltweit erste Stahlbeton-Fernsehturm eingeweiht wurde, galt dies in Deutschland als Zeichen einer neuen Zeit. Die daraufhin vielerorts errichteten Fernsehtürme waren Sinnbilder des Wirtschaftswachstums und technischen Fortschritts. Heutzutage sind die meisten Fernseh- und Fernmeldetürme aus technischer Sicht nicht mehr notwendig und haben andere Funktionen übernommen.

Der auf dem Kamm des Teutoburger Waldes thronende Dissener Fernmeldeturm ist noch immer ein ganz besonderer. Stolz streckt der 1984 erbaute Turm seinen gestählten Betonkörper aus dem Kronendach des Teutoburger Walds. Mit einer Höhe von 61 Metern gehört der Dissener Fernmeldeturm zu den 100 höchsten deutschen Aussichtstürmen mit öffentlich zugänglicher Aussichtsmöglichkeit, zugleich ist er der höchste im Teutoburger Wald. Ein besonderes Bonbon des auf der 266 Meter hohen Steinegge stehenden Bauwerks ist seine an der Turmaußenseite montierte Wendeltreppe, über die eine Aussichtsplattform in 25 Meter Höhe erstiegen werden kann. Auf der Plattform genießt man eine atemberaubende Rundumsicht, die in Richtung Süden weit über das nördliche Münsterland, in Richtung Norden über Melle und das Osnabrücker Land bis hin zum Wiehengebirge reicht.

Der kürzeste und abenteuerlichste Weg zum Turm zieht vom Waldgasthaus Röwekamp entlang des steil bergan führenden Fritz-Homann-Wanderweges nach nur 900 Metern zur Steinegge und überwindet dabei 106 Höhenmeter; eine für den Teutoburger Wald außergewöhnliche Steigung. Bei der Wanderung muss man ein wenig Obacht geben, da die marode Holzbeschilderung zum Teil im Waldesgrün versinkt. Solange man jedoch bergan schreitet, kann man sich nicht verlaufen. Auf dem Bergkamm orientiert man sich an der ersten Weggabelung an dem nach rechts ziehenden Hermannsweg, der kurz darauf den Sockel des Fernmeldeturms erreicht. Des Abenteuers letzter Teil beginnt.

**Adresse** 49201 Dissen, Zugang zum Beispiel vom Wanderparkplatz am Waldgasthaus Röwekamp, Röwekamp 1 | **Anfahrt** aus Richtung Osnabrück A 33, Ausfahrt Dissen/Bad Rothenfelde, L 94 folgen, in Dissen im Kreisverkehr die dritte Ausfahrt (Westendarpstraße), Straßenverlängerung (Schützenstraße) bis zum Ende folgen | **Öffnungszeiten** Turm bei guter Witterung ganzjährig geöffnet; Waldgasthaus: Di – Fr ab 18 Uhr, So ab 11 Uhr | **Tipp** Lohnend ist ein Besuch des historischen Bahnhofs Dissen/Bad Rothenfelde, in dem viel beachtete Jazzkonzerte stattfinden.

# 39_König und Narr

*Das höchste Keramikskulpturenpaar*

Würdevoll und mit sichtlichem Wohlbehagen hält sich der König in luftiger Höhe seinen fülligen Bauch. Wenige Meter neben ihm betrachtet der Narr, auf gleichfalls erhabenem Säulenplatz, schelmisch und gedankenvoll unsere Welt. Er wirkt kreativ, spontan und unberechenbar.

Das vom Keramik-Bildhauer und -Designer Stefan Donhauser erschaffene Skulpturenpaar König und Narr, ein humorvoller und gleichzeitig hintergründiger Hingucker auf dem Rathausvorplatz von Dissen, hat eine vielfarbige Entstehungsgeschichte hinter sich. Ende der 1990er Jahre wurde im Zuge der Ortsumgestaltung in Dissen zwischen dem Rathaus und oberem Parkdeck der Stadt eine Spanische Treppe angelegt. Der Architekt hatte in seinen Plänen für die Treppe zwei Steinstelen als Standort für Kunst skizziert. Als figürlich arbeitender Künstler schlug Donhauser vor, auf den für Kunst vorgesehenen Orten die Figurengruppe König und Narr zu erschaffen – und so mit einem Augenzwinkern einen für jeden Betrachtenden frei interpretierbaren Bezug zwischen den Figuren und den Rats- und Gemeindemitgliedern des Rathauses herzustellen. Das Figurenpaar sollte vor allem einige gegensätzliche Charaktere und Aktivitäten in der Gesellschaft symbolisieren und auf die Stärken und Schwächen aller Menschen aufmerksam machen. Der Annahme von Donhausers Vorschlag gingen emotional geführte Diskussionen in kulturellen und politischen Gremien voraus.

Nach achtmonatiger Arbeit in seinem ehemaligen Atelier im historischen Bahnhof Dissen / Bad Rothenfelde und nachfolgender Montage der einzelnen Segmente über Betonsäulen wurde das graffitiunempfindliche, frost- und stoßsichere Skulpturenpaar am 4. August 2002 auf dem Dissener Rathausplatz enthüllt und feierlich eingeweiht.

Mit einer Gesamthöhe von annähernd sieben Metern gilt das Skulpturenpaar König und Narr als die höchste Keramikfigurengruppe im deutschsprachigen Raum.

**Adresse** Rathaus Dissen, Große Straße 33, 49201 Dissen | **Anfahrt** aus Richtung Osnabrück auf A 33, Ausfahrt Dissen/Bad Rothenfelde, L 94 folgen, weiter auf Bahnhofstraße, Diekmannstraße bis Am Rathaus; Parkmöglichkeiten in Rathausnähe | **Tipp** Ein kleines Juwel ist die alte Mauritiuskirche im Dissener Ortskern.

# 40 Das Tortencafé

*Kuchen to go auf freiem Feld*

Misstrauisch beäugt der Wanderer das kleine Schild am Ackerrand. »Tortencafé« steht dort geschrieben, und ein Pfeil weist auf ein Asphaltsträßchen, das sich seinen Weg durch die Felder bahnt. Kein Haus weit und breit, nur eine auf einer Anhöhe liegende Kulturlandschaft mit bester Aussicht auf den Teutoburger Wald. Und das einsam im Wind flatternde Schild.

Wer seine Sehnsucht nach Kohlenhydraten zum ersten Mal im Tortencafé stillt, lässt bei der Anreise den Stress der Zivilisation hinter sich. Seit April 2011 führt Sandra Thannhäuser mit ihrer Mutter Sonja das Tortencafé in der Dissener Peripherie. Zuvor hatte sie über sieben Jahre das Parkcafé in Bad Laer geführt. Da die Kunden ihre selbst gebackenen Kuchen und Torten besonders liebten, entstand die Idee, Kreativität vollständig im Kuchenbacken zu entfalten. Im neuen Café werden daher ausschließlich Kuchen und diese ausnahmslos außer Haus verkauft. Für Autofahrer gibt es einen kleinen Parkplatz, und auch ein Geschäftsraum, ein Anbau an das Wohnhaus der beiden, ist vorhanden. Obschon der Verzehr der Kuchen im Café nicht möglich ist, kann man im Sommer auch vor Ort in einem Gartenambiente von den selbst gebackenen Köstlichkeiten naschen.

Für die Fortführung der Tortenbackkunst verwenden die Thannhäusers über 50 meist traditionelle Rezepte nach Hausfrauenart. So stammt zum Beispiel die Rezeptur für einen Schokoladen-Sahne-Kuchen von Sandra Thannhäusers schlesischer Großmutter. Zu den beliebtesten Kuchen des Cafés gehören die Stachelbeer-Mandelbaiser- und die Schokoladen-Cappuccino-Torte. Für die Kuchenherstellung wird bevorzugt Obst aus der Nachbarschaft verwendet, auf die Verwendung von Konservierungs- und Farbstoffen wird ganz verzichtet.

Bis in den Herbst 2015 hinein wurde jeder Gast vor Betreten des Geschäfts persönlich von Paulchen begrüßt. Seitdem beäugt der 18 Erdenjahre alte Kater aus dem Katzenhimmel die Kuchengeschäfte auf den Dissener Feldern.

Adresse Bodderpatt 45, 49201 Dissen-Aschen | Anfahrt aus Richtung Osnabrück auf A 33, Ausfahrt Dissen-Süd, Versmolder Straße folgen, bis Bodderpatt fahren | Öffnungszeiten Sa, So 13–16 Uhr, Tortenbestellungen werden Mo–So unter Tel. 05421/1725 entgegengenommen | Tipp Eine aussichtsreiche Auszeit auf freiem Feld – entlang der kleinen Sträßchen rund um den Bodderpatt wird dieser Wunsch zur Realität.

# 41 Die Kalksinterterrassen

*Das verborgene Juwel*

Als der Türkeiheimkehrer seinem Freund im Teutoburger Wald von den berühmten Kalksinterterrassen in Pamukkale erzählte, staunte er nicht schlecht, als dieser ihm von einem ähnlichen, aber wenig bekannten Naturphänomen im heimischen Wald berichtete. Tatsächlich gibt es auch im Teutoburger Wald eine Region, in der aus Wasser abgesetzter Kalkspat (Kalksinter) in großer Menge und in einem mehr oder weniger zusammenhängenden Gebiet vorkommt. Im Gegensatz zu den weißen Kalksinterterrassen in der Türkei sind die zwischen Dissen und Melle liegenden Terrassen größtenteils von einer dichten Auwaldvegetation bedeckt und daher nicht sofort zu erkennen. Da jedoch im Gebiet Holzstege angelegt und hilfreiche Schautafeln aufgestellt wurden, lassen sich die außergewöhnlichen Mineralformationen dennoch bestaunen. Bruchstücke des Kalksinters sind vor allem am Grunde der im Gebiet vorkommenden Bachbette – die Quellbäche der Hase – als kleine »Knochen« zu erkennen. Diese »Knochen« sind nichts anderes als Wasserpflanzen, die von einer festen Kalkschicht umschlossen sind.

Die Geschichte der Dissener Kalksinterterrassen ist mehrere Millionen Jahre alt. Einst war das Gebiet des Teutoburger Waldes von einem mächtigen Meer bedeckt. Im Erdmittelalter lagerten sich Kalk und andere Sedimente auf dem Meeresgrund ab. Als sich das Meer zurückgezogen hatte und es – lange Zeit später – zur Auffaltung des Teutoburger Waldes kam, gerieten die zu Stein verfestigten Kalkschichten wieder an die Erdoberfläche. Seit Ende der letzten Eiszeit, als das Kalkgestein zu verwittern begann, wird der Kalk aus den Gesteinsschichten ausgewaschen und gelangt im Regenwasser gelöst in das Erdinnere. An den zahlreichen Quellen im Gebiet erreicht der gelöste Kalk mit dem Quellwasser wieder die Erdoberfläche. Dort wird er durch chemische Prozesse ausgefällt und lagert sich am Grunde der Gewässer und an Wasserpflanzen ab.

**Adresse** Parkplatz Kalksinterterrassen, Rechenbergstraße, 49201 Dissen | **Anfahrt** A 33 Osnabrück, Ausfahrt Dissen / Bad Rothenfelde, links auf L 94, im Kreisverkehr rechts auf Osnabrücker Straße, links auf Rechenbergstraße, Ortsausgang und Noller Schlucht passieren; der Parkplatz liegt einen Kilometer weiter linker Hand im Wald | **Tipp** In den Wäldern rund um die Noller Schlucht laden viele Wege zum Wandern und Genießen der frischen Waldluft ein.

# 42 Das Hagioskop

*Die wundernahe Lepraspalte in St. Johann*

Sie war eine kleine Lücke mit großer Bedeutung: der schießschartenartige Mauerdurchbruch im Seitenschiff der katholischen Kirche St. Johann in Oesede ist ein Hagioskop. Durch einen solchen Spalt in der Kirchenwand konnten im Mittelalter die von der Teilnahme an der Messe und dem gemeinsamen Empfangen der Kommunion Ausgeschlossenen von außen auf »das Heilige« (griech. hágios: heilig; skopein: sehen) schauen, also den Altar und die Handlungen des Priesters beobachten. Hagioskope wurden auch Lepraspalten genannt, da die vom Ausschluss Betroffenen meist an Lepra (»Aussatz«), einer einst auch in Europa häufigen und hochgradig ansteckenden Infektionskrankheit, litten. Wenn der Aussätzige die Kommunion empfing, wurde die Hostie auf das Ende eines Stabes gelegt und im Gebet durch den Spalt nach außen geschoben.

Hagioskope wurden im Mittelalter in Deutschland in Kirchen kleinerer Orte angelegt. In den zentralen Kirchen der größeren Städte standen den Leprakranken eigene Kapellen in den Leprosorien zur Verfügung. Nach dem Ende der Lepraepidemien im späten 16. Jahrhundert wurden die Hagioskope allmählich verfüllt, zugemauert und unter Schichten von Putz verborgen.

In St. Johann, der Kirche des einstigen Benediktinerinnenklosters in Oesede, gab Anfang der 1980er Jahre plötzlich bröckelnder Putz in der nach Norden gelegenen Wand des Langhauses ein Hagioskop frei. Seltsamerweise gestattete der Spalt in der Mauer des Seitenschiffs keine Sicht auf den Hauptaltar. Archäologische Untersuchungen des Kircheninnenraumes brachten aber in der Kirchenmitte, also in einem für das Hagioskop idealen Blickwinkel, die Reste eines Altars zum Vorschein. Der Grund für dessen ungewöhnliche Platzierung und damit auch die des Hagioskops ist eine Marienvision des ersten Oeseder Propstes Theoderich an dortiger Stelle. Sein Nachfolger Bernhard stiftete den 1203 geweihten Marienaltar.

Adresse Kloster Oesede, 49124 Georgsmarienhütte-Kloster Oesede | Anfahrt aus Richtung Osnabrück auf B 68 bis Bielefelder Straße in Georgsmarienhütte, dort weiter auf Bielefelder Straße und Beschilderungen zum Kloster folgen (über Laubbrink, Am Markt, Zur Waldbühne) | Öffnungszeiten Kirche St. Johann: Mo–So 8.30–18 Uhr | Tipp Nur wenige Kilometer östlich des Klosters lädt die sagenumwobene Ruine Holter Burg zum Staunen und Entdecken ein (Borgloher Straße, 49143 Bissendorf-Holte).

# 43__Gauß'scher Vermessungsstein

*Mathematikunterricht auf dem Dörenberg*

Mit stolzen 331 Höhenmetern ist der Dörenberg die höchste Erhebung im niedersächsischen Teutoburger Wald. Besucher, die auf dem langen Kamm des Berges lustwandeln, bestaunen meist den bunt bemalten Hermannsturm. Auf der Aussichtsfläche der gewagten, über 20 Meter hohen Betonkonstruktion kann man eine prächtige Fernsicht auf das Osnabrücker Land, das Wiehengebirge und das Münsterland genießen. Wenige Meter neben dem Turm steht ein mit freudvollen Blicken nur selten bedachter Sandsteinpfeiler mit dem sonderbaren Schriftzug »Hannov. Landes. Vermessg. 1830«. Der verschmähte Sonderling ist ein trigonometrischer Vermessungsstein des Königreichs Hannover und auch als Gauß'scher Vermessungsstein bekannt. Wenn dieser Name Erinnerungen an Ihre Schulzeit aufkeimen lässt, liegen Sie richtig. An der Stelle des heutigen, 1860 ersatzweise für den Originalstein aufgestellten Steins stand zuvor ein Stein, dessen Position von Joseph Gauß, dem Sohne des berühmten Mathematikers Carl Friedrich Gauß, bestimmt wurde. Der Stein bildete einen Eckpunkt des Hauptnetzes der Triangulation des Königreichs. Bei der Triangulation wurde ein Netz aus Dreiecken über das zu vermessende Gebiet gelegt. Sobald eine Seitenlänge des Dreiecks bekannt war, ließen sich mit Hilfe von Winkelmessungen die Längen der anderen beiden Seiten ermitteln. Als Eckpunkte dienten markante Messpunkte im Gelände (wie die Spitze des Dörenbergs). Sinn der Vermessung war es, eine rechtliche Grundlage für Steuereinnahmen zu erhalten.

Der wohl schönste Weg auf den Dörenberg führt vom Parkplatz Am Sunderbach über den wildromantischen Zickzackweg, der in Serpentinen einen heimeligen Nadelwald erklimmt, und den sich anschließenden Kammweg, der vom Karlsplatz unterhalb der Bergkuppe nach insgesamt 2,5 Kilometern zum Hermannsturm zieht.

**Adresse** 49124 Georgsmarienhütte, Zugang zum Beispiel vom Wanderparkplatz Am Sunderbach an der Iburger Straße zwischen Hagen und Bad Iburg | **Anfahrt** aus Richtung Osnabrück nach Hagen a. T. W. über Sutthauser Straße, Hermann-Ehlers-Straße, Osnabrücker Straße. In Hagen in Richtung Bad Iburg (über Schulstraße, Martinistraße, Iburger Straße) der Iburger Straße über den Bergkamm folgen. Der Parkplatz befindet sich rechter Hand wenige hundert Meter oberhalb von Bad Iburg. | **Tipp** Wer am Hermannsturm dem Kammweg in Richtung Nordwesten folgt, stößt nach knapp drei Kilometern auf den aussichtsreichen Varusturm auf dem Lammersbrink.

# 44 Das orientalische Bad

*Die überraschenden Schätze der Villa Stahmer*

Bäder im orientalischen Stil gehören sicherlich nicht zu den Orten, die man landläufig im Teutoburger Wald erwartet. Gleichwohl empfängt ein wunderschönes solches die Gäste der Villa Stahmer, eines der imposantesten Gebäude im Landkreis Osnabrück. Beim Eintritt in das um 1900 errichtete Bad im ersten Obergeschoss des Hauses fallen die ersten Blicke vor allem auf die in den Boden eingelassene Badewanne. Das schmucke Stück wurde erst 1991 bei Renovierungsarbeiten wiederentdeckt und war zuvor über 70 Jahre verschüttet gewesen. Die meisten Bereiche des Bades wurden originalgetreu restauriert, Bodenfliesen, Waschtisch und Armaturen sind sogar noch als Originale erhalten. Den oberen Wandabschluss bildet eine reich verzierte Stuckarbeit mit einem Segensspruch in arabischer Sprache.

Die mit Türmchen und Giebeln verzierte Villa Stahmer wurde von Carl Stahmer für seinen Sohn, den Fabrikanten Robert Stahmer, erbaut. Um 1900 bezog Stahmer das nahe seiner Firma, den Eisenbahnsignalwerken in Oesede, gelegene Gebäude. Ab 1907 wurde das Haus von leitenden Angestellten bewohnt, später diente es als Unterkunft der englischen Armee, Flüchtlingsheim, Arbeitsamt und Mehrfamilienhaus. Nach einer Umbauphase fand 1980 das Museum der Stadt Georgsmarienhütte in der Villa seinen Platz.

Das Museum widmet sich vor allem dem stählernen Herzen der Stadt. In einer früher ländlich geprägten und armen Region riefen 1856 König Georg V. und seine Frau Marie mit einem beträchtlichen Anteil ihres Privatvermögens eine Aktiengesellschaft ins Leben, die den Aufbau eines Hüttenwerkes ermöglichte, dem sie den Namen Georgsmarienhütte gaben. Der Bau des Werkes im Dütetal markiert den Beginn einer ungewöhnlichen Stadtgeschichte, die im Museum in einer Dauerausstellung dargestellt ist. An ansprechend gestalteten Stationen wird dem Besucher die faszinierende Entwicklung der Stadt seit Gründung des Hüttenwerks vermittelt.

**Adresse** Carl-Stahmer-Weg 13, 49124 Georgsmarienhütte (www.georgsmarienhuette.de), Zugang von der Johannes-Möller-Straße | **Anfahrt** aus Richtung Osnabrück auf A 30, Abfahrt Osnabrück-Nahne, B 51 Richtung Bad Iburg/Georgsmarienhütte, nach 4 Kilometern rechts Richtung Georgsmarienhütte, im Kreisverkehr dritte Ausfahrt (Klöcknerstraße), links auf Carl-Stahmer-Weg und direkt wieder links auf Johannes-Möller-Straße (Parkplatz) | **Öffnungszeiten** Museum: Di, Do 9–12 und 15–18 Uhr, So 10–13 und 15–18 Uhr | **Tipp** Nach dem Besuch des einstigen Bades kann das Eintauchen in echtes Wasser, zum Beispiel im benachbarten Panoramabad, sehr verlockend sein (Carl-Stahmer-Weg 37, www.pb-gmhuette.de).

# 45 Der Borgberg

*Ein malerischer Rundweg am Sagenberg*

Am Südrand des idyllisch zwischen Hügeln eingebetteten Kirschenstädtchens Hagen erhebt sich ein 225 Meter hoher, lang gestreckter, dicht bewaldeter Bergrücken, um den sich viele Legenden ranken: der Hagener Borgberg. Ein schöner, auch für Fremde geeigneter Rundweg, um in die geheimnisvolle Welt des Berges einzutauchen, verläuft größtenteils entlang des mit einem Ahornblatt gut markierten Ahornwegs.

Startet man den Weg an der Wirtschaft Blüsen, erreicht man alsbald den Sandsteinfelsen Breiter Stein, der auch als Heidenopferstein bezeichnet wird. An dieser Felsplatte sollen nach Meinung mancher Mystiker in vorchristlicher Zeit Wodan und seiner Gemahlin Freya Opfer dargebracht worden sein. Vermutlich wurde der Sandsteinfelsen durch den Raubbau früherer Jahrhunderte und durch Erosion freigelegt. Auf den Kamm des Borgbergs passiert der Ahornweg ein aus vier Hügeln bestehendes Gräberfeld aus der späten Jungsteinzeit und eine Almhütte, die 1970 zum Schutz für Wanderer errichtet wurde. An der Almhütte kann man eine wunderschöne Aussicht auf Hagen und die Hügel auf der anderen Talseite genießen. Kurz darauf wechselt der Weg die Bergseite und erreicht entlang weiterer schöner Aussichtspunkte auf abwärts führenden Pfaden, an denen man des Öfteren auch äsendes Damwild beobachten kann, die Duvelsteine (Teufelssteine), eine weitere ehemalige Kultstätte. An der Teichanlage Kollage der Forellenzucht Kasselmann verlässt der Weg den Wald und zieht in den kleinen Weiler Mentrup. Dort verlässt man den Ahornweg und wendet sich stattdessen nach links (Markierung Forellental 0,9 Kilometer). Biegt man etwa 400 Meter hinter dem Restaurant Zum Forellental nach links in das Asphaltsträßchen (Bergstraße, ohne Beschriftung) ein, erreicht man nach Überquerung des Goldbachs die Straße Am Borgberg, die zum Ausgangspunkt der unvergesslichen Rundwanderung zurückführt.

**Adresse** 49170 Hagen a. T. W., Zugang zum Beispiel von der Wirtschaft Blüsen, Am Borgberg 40 | **Anfahrt** aus Richtung Osnabrück auf Sutthauser Straße, Hermann-Ehlers-Straße, Sutthauser Straße, Osnabrücker Straße, im Kreisverkehr erste Ausfahrt (Schulstraße), im nächsten Kreisverkehr zweite Ausfahrt (Martinistraße), weiter auf Iburger Straße, danach zweimal rechts (Bergstraße, Am Borgberg) | **Tipp** Am Hagener Ortsrand steht idyllisch am Goldbach die Gellenbecker Mühle – sie ist die älteste Mühle in Hagen.

# 46 Die Schöne aus Marienhöhe

*Eine von sieben verschollenen Kirschsorten*

Sie ist wahrlich eine Schönheit. Mit ihrer imposanten Größe, die an die Höhe einer Kastanie heranreicht, ihrer hochkugeligen Krone und ihren dunklen Früchten zieht die Schöne aus Marienhöhe schon aus der Ferne alle Blicke auf sich. Gleichwohl kannte die landschaftsprägende Schöne bis vor Kurzem kaum jemand – sie galt in Deutschland als verschollen.

Folgt man den Spuren der Kirschschönheit bis weit in ihre Vergangenheit, so entdeckt man, dass der prächtige Baum 1836 in der Landesbaumschule Marienhöhe bei Weimar aus Samen gezogen wurde und einst vor allem bei Erfurt und Halle an der Saale verbreitet war. Wegen der geringen Größe und Platzfestigkeit ihrer Früchte verschwand die Schöne aus Marienhöhe jedoch rasch aus dem erwerbsmäßigen Anbau. Heute ist sie in Deutschland weder in den Reisermuttergärten der Länder noch in den Erhaltungspflanzungen der Obstinstitute vorhanden.

In Hagen am Teutoburger Wald, das sich selbst in vernachlässigten Kirschzeiten zu den deutschen Kirschhochburgen zählen durfte, wusste Ende des letzten Jahrtausends niemand mehr genau, wie viele und welche Kirschsorten es rund um die Stadt noch gab. Auf Initiative des Vereins Slow Food führten daraufhin Experten des deutschen Pomologen-Vereins und der Fachhochschule Osnabrück eine Sortenbestimmung durch, bei der sich zeigte, dass auf den Streuobstwiesen rund um die Stadt noch etwa 50 Süßkirschsorten gedeihen, von denen mindestens sieben – darunter auch die Schöne aus Marienhöhe – zuvor nicht mehr auffindbar gewesen waren.

In Hagen wieder entdeckte, aber auch andere Kirschsorten lassen sich eindrucksvoll entlang des 2008 eröffneten Kirschlehrpfads kennenlernen. Er führt mitten durch die größte deutsche Kirschsortensammlung, mit deren Pflanzung 2004 am Jägerberg begonnen wurde.

**Adresse** Hagener Kirschinformationszentrum, Zum Jägerberg 17, 49170 Hagen a. T. W. | **Anfahrt** aus Richtung Osnabrück auf Sutthauser Straße, Hermann-Ehlers-Straße, Sutthauser Straße, Osnabrücker Straße, rechts auf Sandstraße und wieder rechts (Zum Jägerberg) | **Tipp** Möchte man im Anschluss an das Kirscherlebnis einen Hauch frischer Seeluft genießen, empfiehlt sich ein Spaziergang am Teutoburger-Wald-See (Am Höhneberg 7).

# 47 Der Silbersee im Hüggel

*Das unterirdische Wattenmeer*

Wenige Kilometer vor den Toren von Osnabrück erhebt sich zwischen Hagen und Hasbergen ein zerklüfteter Gebirgszug, der die Menschen seit Langem fasziniert: der Hüggel. Die Ausläufer des mythenumrankten Bergs, in dem die Hüggelzwerge und andere Sagengestalten zu Hause sind, wurden leider auch vom NS-Regime geschätzt und als dunkler Platz missbraucht (siehe Seite 120).

Aufregend und voller Rätsel ist der Hüggel aus geologischer Sicht. Im Süden des Gebirgszugs liegt ein ehemaliger Kalksteinbruch mit einem rund 260 Meter langen Stollen. Er wurde um das Jahr 1920 angelegt und war bis 1937 in Betrieb. Bis in die 1980er Jahre war der Steinbruch mit kristallklarem Wasser gefüllt, das durch den hohen Kalkgehalt silbrig-blau schimmerte – daher der Name Silbersee. Noch vor wenigen Jahren verabredeten sich die Menschen am »Badestrand« auf den unteren Stufen des Steinbruchrondells. Inzwischen liegt der Silbersee, der mit seinen steil aufragenden Hängen an eine spektakuläre Filmkulisse erinnert, meist trocken da. Noch weiß niemand, warum.

Durch das Austrocknen wurden die untersten Stollenbereiche des einstigen Steinbruchs und dadurch ein etwa 245 Millionen Jahre altes, versteinertes Wattenmeer freigelegt, das im Rahmen einer Führung erkundet werden kann. Seit 2014 leiten die Führer des Natur- und Geoparks TERRA.vita die Besucher zu festgesetzten Zeiten durch das Gangsystem des Silbersee-Stollens. Neben versteinerten Muschelresten, uralten Grabgängen von Wattwürmern und hummerähnlichen Wesen lassen sich in den Gängen lebendige Fledermäuse – sie hängen gern an der Höhlendecke –, farblich markierte Fledermaus-Todesstätten – sie kamen bei einer Überschwemmung ums Leben – sowie tönerne Imitate des Hüggelzwergs entdecken. Auch Saurierfährten, die man im Steinbruch entdeckte, lassen sich im Stollen bestaunen.

Die Führung durch den Stollen und einstigen Steinbruch im Hüggel ist für Groß und Klein ein einzigartiges Erlebnis.

Adresse 49170 Hagen a. T. W., Zugang zum Beispiel vom Gasthaus Jägerberg, Zum Jägerberg 40 | Anfahrt wie bei Ort 46, aber bis zu den Parkplätzen am Gasthaus, von dort zu Fuß: an der Gaststätte vorbei zum Holzblockhäuschen (Schutzhütte), dort starten die Führungen | Öffnungszeiten Steinbruch und Stollen dürfen nur mit Naturparkführer betreten werden, Anmeldung unter www.naturpark-terravita.de | Tipp Im Gasthaus Jägerberg lässt sich bei schöner Aussicht wunderbar speisen.

# 48 Das Töpfereimuseum

*Die umfangreichste Keramiksammlung Norddeutschlands*

Schon der Standort des Museums, der heimelige und etwas versteckt liegende Pfarrhof der Kirchengemeinde Sankt Martinus, ist außergewöhnlich. Der vordere Fachwerkteil des schmucken Pfarrhauses wurde 1723 nach einem verheerenden Dorfbrand errichtet. Nachdem das Haus 1980 von der Gemeinde Hagen für kulturelle Zwecke renoviert worden war, bezog den hinteren Gebäudeteil die öffentliche Bücherei, der vordere Teil wird seitdem als Versammlungsraum genutzt. Im Dachgeschoss des Gebäudes fand das Hagener Töpfereimuseum sein Zuhause. Der Gang über die Holztreppen im würzigen Duft des alten Hauses erfüllt so manchen Besucher mit erwartungsfroher Neugier.

Im Töpfereimuseum selbst ist trotz einer verhältnismäßig kleinen Ausstellungsfläche die umfangreichste Keramiksammlung Norddeutschlands zu bestaunen. Zur Sammlung des Museums gehören zum einen Funde aus archäologischen Grabungen, die in den 1980er Jahren in der Nähe historischer Töpferwerkstätten auf dem Gebiet der Gemeinde Hagen durchgeführt wurden. Mit Hilfe des aus dem 17. bis 19. Jahrhundert stammenden Materials ließen sich Rückschlüsse auf die einstigen Produktionsprogramme der Werkstätten, die Formen und Nutzung des Gebrauchsgeschirrs, Farben, Dekore, Glasuren, Tonerden und Brenntechniken ziehen.

Im Museum befinden sich aber auch Töpfereierzeugnisse aus der jüngeren Zeit, die durch Schenkungen und Ankäufe in öffentliche Sammlungen gelangten. Stücke aus zwei bis heute produzierenden Werkstätten sind ebenfalls ein Bestandteil der Kollektion. Während die Töpferei Tüting in Ankum bei ihrer Produktion vor allem auf modernes Design mit traditionellen Elementen setzt, gilt die Töpferei Niehenke im benachbarten Hasbergen als der letzte Betrieb in Nordwestdeutschland, der noch die alte Töpfertradition weiterführt. Bei großem Interesse an Töpfereiwaren ist daher auch ein Besuch der Töpferei Niehenke sehr zu empfehlen.

**Adresse** Martinistraße 9, 49170 Hagen a. T. W. | **Anfahrt** aus Richtung Osnabrück auf Sutthauser Straße, Hermann-Ehlers-Straße, Sutthauser Straße, Osnabrücker Straße, im Kreisverkehr erste Ausfahrt (Schulstraße), im nächsten die zweite (Martinistraße), die Parkplätze liegen gegenüber dem Pfarrhof | **Öffnungszeiten** nach telefonischer Vereinbarung unter Tel. 05401/97744 | **Tipp** Im Hagener Ortskern gibt es eine heimelige ehemalige Eisdiele, die durch ihren Umbau zum Dorfgespräch wurde. Eis gibt es im »Dorfgespräch« immer noch (Dorfstraße 11). Anschließend geht es wohlgenährt zur Töpferei (Töpferei Niehenke, Am Plessen 51, 49205 Hasbergen, www.niehenke.eu).

# 49__Die Alte Lederfabrik

*Vorhang auf für die schillernde Künstlerwelt*

Ein Dirigent der Alten Lederfabrik ist das Chaos. Wer den Innenhof des Geländes betritt, wird nicht selten vom Leiter des Orchesters mit eindringlichen Hammerschlägen, betörendem Gesang und einem leisen, fernen Lachen begrüßt. Golden glänzende Bilderrahmen werden vorübergetragen, der eine oder andere Gast stolpert über Holzbretter oder einen halb vollen Wassereimer. Oft tanzen den Besuchern aus den Fenstern entlassene Luftballons entgegen.

Dass das Chaos lebendige Sterne gebären kann, zeigt sich in der Alten Lederfabrik allerorten. Bildhauer, Maler, Designer, Grafiker, Fotografen, Kunstschmiede, Ofenbauer, Gitarrenlehrer und andere Lebenskünstler haben in der Fabrik im Haller Süden ihre Heimat gefunden. Sie alle haben hier ihre Werkstätten, Ateliers und Übungsräume, die man an jedem ersten Samstag im Monat und nach Absprache aufsuchen kann. Einige Kunstschaffende offerieren auch kreative Workshops, bei denen man durch eigenes Tun Einblicke in künstlerische Techniken gewinnt.

Mehrmals im Jahr lassen sich in einigen von der Stadt Halle angemieteten Galerieräumen Ausstellungen bekannter und weniger bekannter Künstler bestaunen. Beim »Literarischen Treff« lesen etablierte Schriftsteller, aber auch weniger bekannte Wortkünstler aus ihren Werken und stellen sich dem Gespräch mit dem (meist) gewogenen Publikum. In Großveranstaltungen wie »Frühlingserwachen« und »Unikat« werden regelmäßig Gastaussteller zu verschiedenen Themen auf das Fabrikgelände geladen, beim FabrikFestival spielen Bands aus der Region.

Künstlerisch genutzt werden die Räume der Alten Lederfabrik seit 1998. Die Funktion einer Lederfabrik hatte der Ort bis 1993; zuletzt wurden dort aber nur noch Lederartikel für Hunde wie Leinen und Halsbänder hergestellt. Einst waren in der 1914 gegründeten Fabrik eine große Auswahl an Lederprodukten, darunter Schultaschen, Treibriemen und Koppelzeug, produziert worden.

Adresse Alleestraße 64–66, 33790 Halle, www.alte-lederfabrik-halle.de/ateliers.html | Anfahrt aus Richtung Bielefeld auf B 61, dann B 68 Richtung Halle, 2 Kilometer vor Halle links auf Kreisstraße, rechts auf Gartnischer Weg, rechts auf Künsebecker Weg, links auf Alleestraße | Öffnungszeiten Ateliers 1. Sa im Monat 11–16 Uhr; Kunstschmiede Kasper Mo–Fr 9–16 Uhr, Sa von 11–15 Uhr | Tipp Gegenüber der Lederfabrik wird im Bauerncafé Beuken Schmedt in einem ehemaligen Viehstall zu Kaffee und Kuchen geladen (Alleestraße 41, www.beukenschmedt.de).

# 50 Das Haller Herz

*Stille in der Mitte der Stadt*

Im Ortskern von Halle gibt es einen wunderschönen Platz, auf dem sich so mancher gern eine Auszeit nimmt. Still und beschaulich geht es dort zu. Manche Menschen lesen ein Buch, andere meditieren oder sitzen einfach da. Man redet leise, und anstelle von Verkehrslärm lauscht man den im Wind leise rauschenden Kronen der hoch gewachsenen Linden. Die Anzahl der Touristen ist überschaubar. In der Mitte des friedvollen Refugiums steht die ehrwürdige Kirche Sankt Johannis, die dem romantischen Platz seinen heutigen Namen gab. Umgeben ist der Kirchplatz von einem prachtvollen, nahezu geschlossenen Fachwerkensemble. Zugang zum Platz ermöglichen schmale Durchlässe zwischen den Häuserfronten. Nahezu alle Gebäude rund um den Platz sind denkmalgeschützt. Man nennt diesen Ort auch das Haller Herz – wegen seiner besonderen Atmosphäre und seiner spitz-ovalen, an ein Herz erinnernden Form.

In der Vergangenheit diente das Haller Herz ebenfalls als Zufluchtsstätte, allerdings spielte Alltagsstress als Grund des Aufenthalts kaum eine Rolle. Zunächst waren es vor allem die Bauern, die sich zum Schutz vor Überfällen in die Kirchhofsburg – so ein historischer Name des heutigen Kirchplatzes – zurückzogen. Wegen des großzügigen Platzangebots in der Hofsburg brachten sie im Gefahrenfall auch ihr Vieh und Vorräte mit. In späteren Jahren wurde der geschützte Ort zur letzten Ruhestätte der Haller Bevölkerung. Vom ehemaligen Friedhof rund um die Johanniskirche ist heute allerdings nichts mehr zu sehen – und dies aus gutem Grund (siehe Seite 112).

Zu den besonderen Gebäuden am Kirchplatz gehört neben der Johanniskirche der einstige Wohnsitz des Verwaltungsoberhaupts der Kirchhofsburg (Kirchplatz 3). Er ist der älteste noch erhaltene Fachwerkbau in Halles historischem Kern. Informationen zu weiteren Fachwerkhäusern im Haller Herz findet man an den eindrucksvoll verzierten Fassaden der entsprechenden Häuser.

**Adresse** Kirchplatz, 33790 Halle, Zugang zum Beispiel vom Parkplatz auf dem Lindenplatz (Bahnhofstraße) | **Anfahrt** aus Richtung Bielefeld auf B 61, dann B 68 nach Halle, links auf Bahnhofstraße und direkt wieder links (Lindenplatz). Von dort zu Fuß durch die Lücke des Fachwerkensembles auf den Kirchplatz | **Tipp** Das Haus am Kirchplatz Nummer 3 beherbergt das sehr sehenswerte Museum für Kindheits- und Jugendwerke bedeutender Künstler. Im Café »gegenüber« (Kirchplatz 16) kann man auch bei Regen das Haller Herz bestaunen und in gemütlicher Atmosphäre verweilen.

# 51 Die Kaffeemühle

*Der koffeinfreie Lustpavillon*

Weit schweift der Blick über das Tal und die Ortsteile von Halle. Unterhalb der Aussichtsterrasse an der Kaffeemühle sind die Bäume klein und besetzen eine lange Schneise, an der einst die Treppen zur Kaffeemühle emporführten. Jenes sonderbare Gebäude, das aus einem Quader und einem verdreht daraufsitzenden kupfernen Achteckbau – mit Wetterfahne und preußischem Adler – besteht, erhebt sich oberhalb der Aussichtsterrasse aus dem Wald des Berges Knüll. Der seit 2006 unter Denkmalschutz stehende Bau ähnelt tatsächlich einer Kaffeemühle, wurde aber auch schon als »Knautschkanone«, »steinernes Hosenbein« und »verbrannter Sandkuchen« betitelt. Die Phantasie des westfälischen Volksmunds ist grenzenlos.

Der 1791 vom Bremer Kaufherr Hermann Hagedorn errichtete Lustpavillon war als Aussichtspunkt gedacht und das erste Bauwerk im einstigen Landschaftspark der Familie Hagedorn. Dass Hagedorn tatsächlich auch mit Kaffee handelte, mag zum Namen des Bauwerks beigetragen haben. Rund um die Kaffeemühle entstand damals ein pittoresker Park, dessen Anblick einen gewissen Pfarrer Schwager, seinerzeit ein bedeutender Aufklärer und Meister des geschliffenen Wortes, schwärmen ließ. Er hoffte, »daß unsere Freunde der schönen und durch die Kunst erhöhten Natur unter die schönsten Ansichten Deutschlands künftig auch diese mitrechnen werden«. Heute ist vom einstigen Park neben der Kaffeemühle noch die Kastanienallee an der Apothekerstraße erhalten.

Nach Errichtung des Pavillons wollte man eine Metalltafel aufstellen, auf der Entfernung und Richtung der von hier sichtbaren 34 Kirchtürme aufgeführt werden sollten. 1904 wurde das Areal rund um die Kaffeemühle mit seinen Bauten von der Familie Kisker, die den Besitz von den Hagedorns gekauft hatte, der Stadt Halle geschenkt. In den 1950er Jahren wurde die Anlage renoviert, die Außentreppe entfernt und der steile Treppenaufgang zur Kaffeemühle aufgegeben.

Adresse 33790 Halle, Zugang zum Beispiel vom Schützenberg/Apothekerstraße | Anfahrt aus Richtung Bielefeld auf B 61, dann B 68 nach Halle, rechts auf Wertherstraße, rechts auf Oldendorfer Straße, links auf Apothekerstraße, von dort zu Fuß: auf der Kastanienallee der Apothekerstraße folgen, immer geradeaus, im Wald dem Hermannsweg nach links (steil bergan) bis zur Kaffeemühle folgen | Tipp Lohnend ist der 2 Kilometer lange Rundweg »Geschichtspfad Kaffeemühle«, auf dem man auch das unterhalb der Kaffeemühle stehende Hagedorn-Denkmal passiert.

# 52 Die Waldgräber

*Die geheimnisvollen Erbbegräbnisse am Lotteberg*

Man schrieb das Jahr 1790, und auf dem Kirchplatz von Halle (siehe Seite 108) gab es kaum noch Platz für neue Leichen. Nach damaligem Verständnis war es erstrebenswert, die Toten möglichst nahe der Kirche zu bestatten – man glaubte, dass man so Gott nach dem Tode nahe sei. Da die hygienischen Verhältnisse in Halle und vielen anderen preußischen Städten jedoch von Jahr zu Jahr unerträglicher wurden, untersagte Friedrich der Große im Jahr 1794 Beerdigungen innerhalb der Städte. Diesen Erlass ignorierten jedoch die traditionsbewussten Haller. Selbst als Napoleons Truppen 1806 Preußen besetzten und ebenfalls per Dekret die Verlegung der Friedhöfe vor die Tore der Stadt anordneten, widersetzten sich die Haller bis 1828 erfolgreich. Lediglich einige Kaufleute, Mediziner und einige andere wohlhabende Haller Bürger nahmen ihr Recht wahr, außerhalb der Stadt Land zu kaufen und dort private Friedhöfe zu errichten.

Zu diesen Anlagen gehören auch die im Wald verborgenen Erbbegräbnisse am Lotteberg. Von den einst zahlreichen Gräbern, die ab 1811 errichtet wurden, sind noch zwölf gut erhalten und für die Besucher zugänglich. Sie liegen wenige Meter vom offenen Feld entfernt und tauchen völlig unvermittelt vor den Augen ihrer Gäste auf. Die verbliebenen Gräber sind von beachtlicher Größe, höchst unterschiedlich gestaltet und erzählen vieles von den Menschen und ihren Themen – in einer Zeit zwischen Aufklärung und Romantik. Formen und Inschriften der Grabsteine spiegeln einiges vom Denken und Fühlen jener gebildeten Menschen wider. Nüchtern oder emotional erzählen die Worte von Liebe, Schmerz, Verlust und der Hoffnung auf Unsterblichkeit. Die Nähe zu Gott war für jene Menschen nicht mehr mit der Kirche verknüpft, sondern auch in der freien Natur zu erleben.

Wer sich auf eine Entdeckungsreise zu den Waldbegräbnissen am Lotteberg begibt, kann, mit etwas Zeit, tief in die Welt einer spannenden Zeit hineintauchen.

**Adresse** 33790 Halle, Zugang zum Beispiel vom Parkplatz am Grüner Weg | **Anfahrt** aus Richtung Bielefeld (Stapenhorststraße) leicht links auf Wertherstraße, in Werther links auf Haller Straße, links auf Osningstraße, der Parkplatz liegt 400 Meter hinter der Bergkuppe rechts. Von dort zu Fuß: die Straße etwa 100 Meter bergab, dann links zum Waldrand | **Tipp** Ein liebevoll gestalteter Ort ist die Heimatstube Hörste, die in einer alten Dorfschule untergebracht ist. Exponate aus dem Alltag gewähren Einblicke in das ländliche Leben rund um Halle (Lilienstraße 8).

# 53 Der Hengeberg

*Der wilde Aufstieg zum Steinbruch der Haizähne*

Es gibt sie tatsächlich: die wilde, schroffe, abenteuerliche Seite des Teutoburger Waldes. Wer oberhalb des Parkplatzes von Haus Ascheloh, einem malerischen Aussichtsplatz auf dem Bergkamm mit Blick nach Halle zur einen und Werther zur anderen Talseite, dem Hermannsweg folgt, schreitet auf den ersten 300 Metern einen steilen, wildromantischen Waldhohlweg bergan. Bizarre Baumwurzeln, Felsgestein, sonderbar geformte Geländemulden und Aussichtsfenster mit überraschenden Fernblicken begleiten einen Weg, der geradewegs auf einen tiefen Abgrund zuzulaufen scheint. Warnhinweise und ein Zaun signalisieren dem Wanderer jedoch, dass der Kammweg auf den Hengeberg links an der Abbruchkante eines ehemaligen Steinbruchs vorbeiführt.

Der aus Sandstein und Grünsand bestehende Steinbruch am Hengeberg war in den 1980er Jahren eine wahre Fundgrube für Geologen und Fossilienfreunde. Vor allem die zahllos aufgefunden Haizähne, aber auch Spuren anderer alter Lebensformen trugen zu einer verbesserten Kenntnis der Tierwelt in der Oberkreidezeit bei.

Der Aufstieg zum Steinbruch ist an trüben Tagen, wenn der Wind die grauen Wolken über dem Gelände auseinandertreibt, besonders genussvoll. An solchen Tagen bilden die moosbehängten Bäume mit ihren kurzen, dicken, fest im Erdreich verankerten Stämmen an den Abbruchkanten einen imposanten Kontrast zu der sich ständig verändernden Szenerie des Bildhintergrundes.

Hinter dem Steinbruch lässt sich der Spaziergang auf dem lang gezogenen Kamm des Hengebergs noch lange fortsetzen. Entlang des Weges über den 316 Meter hohen Berg, der gleichzeitig die höchste Erhebung im Kreis Gütersloh ist und über den ein Teil der Wasser-Ems-Wasserscheide verläuft, lassen sich Hünengräber und eine 14 mal 15 Meter große Erdbefestigung (Schanze) entdecken. Sie wurde im 17. Jahrhundert von Bauern als Schutz gegen die Truppen eines Münsteraner Erzbischofs errichtet.

**Adresse** 33790 Halle-Ascheloh, 33824 Werther, Zugang zum Beispiel vom Evangelischen Jugendfreizeitheim Haus Ascheloh, Grüner Weg 46, 33790 Halle-Ascheloh | **Anfahrt** aus Richtung Bielefeld (Stapenhorststraße) leicht links auf Wertherstraße, in Werther links auf Haller Straße, links auf Osningstraße, der Parkplatz liegt hinter der Bergkuppe links (Hinweis Haus Ascheloh) | **Tipp** Am Parkplatz kann man in alle Richtungen zu stundenlangen Wanderungen aufbrechen. Folgt man oberhalb des Parkplatzes dem am Wasserwerk Werther entlangführenden Weg, erreicht man nach 500 Metern die Arminiusquelle (siehe Seite 230).

# 54 Wasserschloss Tatenhausen

*Ein malerisches Kleinod*

Nur einen Katzensprung von Halle entfernt liegt am Rande des Tatenhauser Waldes ein wunderschönes kleines Schloss. Umsäumt wird es von einem malerischen See, den ein munter plätschernder Waldbach, der Laibach, speist, und von einem lauschigen Park, in dem man sich dem Schloss bis an das Torhaus nähern kann. Nach Anmeldung lassen sich einige Bereiche des schmucken Schlösschens auch besichtigen. Im Park laden alte Baumgruppen zum Staunen und Verweilen ein.

Über 470 Jahre lang war das Schloss der Stammsitz der Freiherren und Grafen von Korff genannt Schmising. Seit 1995 wird es von direkten Nachfahren dieser Grafen, der Baronin und dem Baron Teuffel von Birkensee, bewohnt. Urkundlich erwähnt wurde das Schloss erstmals 1491. Es war zu dieser Zeit im Besitz des Ritters Bernd Hoberg und entsprechend als Burg Hoberg bekannt. Diese Burg war eine sogenannte Zweiinselanlage: Man hatte die Höfe auf zwei begradigten Inseln des Laibachs angelegt und das Haus dazwischengesetzt.

Das heutige sichtbare Schloss wurde als Dreiflügelanlage zunächst im Stil der Weserrenaissance erbaut. Das Haupthaus, der mit Radzinnengiebeln besetzte Ostflügel und ein Treppenturm wurden ab 1540 auf den Fundamenten der Burg Hoberg errichtet. Der zweite Ostflügel wurde 1671 nahezu zeitgleich mit dem Turm hinzugesetzt. Zwischen 1700 und 1741 wurde eine große Terrasse errichtet, der Mittelteil im einfachen Barockstil umgebaut und schließlich der Westflügel sowie das Torhaus erbaut. 1751 entstand die barocke, heute ebenfalls bewohnte Orangerie. Sie wurde nach Plänen des berühmten Barockbaumeisters Johann Conrad Schlaun errichtet und diente lange Zeit als Gewächshaus für die Winterzeit. Die schmucke, aber öffentlich ebenfalls nicht zugängliche Orangerie wird von Ortsfremden nicht selten für das Wasserschloss selbst gehalten.

**Adresse** Versmolder Straße, 33790 Halle-Bokel, Zugang vom Wanderparkplatz am Brockmühlenweg | **Anfahrt** aus Richtung Bielefeld auf B 61, dann B 68 Richtung Halle, 2 Kilometer vor Halle links auf Schnatweg, weiter auf Ravenna-Park, links auf Tatenhausener Straße, weiter auf Versmolder Straße, rechts auf Brockmühlenweg, von dort Fußweg 50 Meter weiter entlang der Versmolder Straße | **Öffnungszeiten** Schloss nicht öffentlich zugänglich; Führung durch Schlosshöfe und Schlosskapelle nach Anmeldung bei Baronin Birgit Teuffel von Birkensee oder Familienmitglied unter Tel. 05201/3224, Anruf Mo–So um 9.15 und 13.15 Uhr | **Tipp** Im Tatenhauser Wald mit seinen vielen Bächen kann man stundenlang verweilen.

# 55 Das Café Gute Stube

*Generationenübergreifender Kuchenschmaus*

Zu den besonderen Orten der Hüggelzwerge-Heimat Hasbergen gehört zweifellos auch das Café Gute Stube. Der Schalk jener fleißigen Waldarbeiter, die mit den rheinischen Wichteln verwandt sein sollen, ist rund um das Café deutlich spürbar. Als einmal ein Wanderer das Lokal zu später Stunde erreichte und durch die Vorhänge in den verdunkelten Innenraum spähte, erschienen plötzlich von überallher gut gelaunte Zeitgenossen, die ihm den Ort wärmstens priesen. Das Miteinander unterschiedlicher Generationen im Café sei einzigartig, alle Süßspeisen schmeckten großartig, und die Tortenstücke seien die größten im Osnabrücker Land. Der Wanderer war skeptisch, freute sich aber über das Wohlwollen der holden Gestalten und die unverhofften Begegnungen in der Dunkelheit. Als er wenige Tage darauf das Café bei Tageslicht wiederentdeckte, staunte er nicht schlecht: In einem behaglichen, liebevoll dekorierten Wohnzimmersaal plauderten auf Sesseln, Sofas und Stühlen gestandene Senioren, Geschäftsleute, junge Familien, Jugendliche und Kinder bei Kuchenstücken von wahrlich beeindruckender Größe freudig um die Wette.

Das Ambiente des Lokals hat tatsächlich etwas von einer Stube aus der guten alten Zeit. Dass meist ältere Menschen in dem Lokal die Überzahl bilden, liegt daran, dass das Café im Haus am Berg, einem beliebten Seniorenwohnheim, untergebracht ist. Wer sich wonniglich in die Sessel des Lokals fallen lässt, kann nicht nur angeregt kommunizieren und speisen, sondern auch die Bilder regionaler Künstler bewundern oder einen allzeit funktionierenden WLAN-Anschluss benutzen. Dienstags genießen Jung und Alt die Musik im Pianocafé und einmal im Monat einen Kinonachmittag, an dem man zu einem festgesetzten Gedeckpreis teilnehmen kann. Inbegriffen im Preis ist nicht nur Kaffee und Wasser, sondern natürlich auch ein Stück Kuchen von außergewöhnlicher Größe.

Adresse Tecklenburger Straße 52, 49205 Hasbergen, www.cafegutestube.de | Anfahrt aus Richtung Osnabrück auf Kurt-Schumacher-Damm, Lengericher Landstraße, Osnabrücker Straße, im Kreisverkehr geradeaus (K305), im nächsten wieder geradeaus (Tecklenburger Straße) | Öffnungszeiten Do–So 14–18 Uhr | Tipp Wer sich für die Geologie und Bergbauhistorie im Hüggel interessiert, sollte die Ausstellungen im Museum Geozentrum Hüggel besuchen (Osnabrücker Straße 21).

# 56 Der Augustaschacht

*In Gedenken an dunkelste Taten*

Unweit des Silbersees (siehe Seite 102) am Fuße des Hüggels steht in der Stille des Waldes ein klobiges, heruntergekommenes Haus. Es ist die Gedenkstätte Augustaschacht, ein denkmalgeschütztes Lagergebäude, in dem einst schwere Verbrechen geschahen.

Errichtet wurde das Bauwerk 1876 als Pumpenhaus. Eine erste Zweckentfremdung erfuhr es zu Beginn des Zweiten Weltkriegs, als es die Wehrmacht als Kriegsgefangenenlager benutzte. Im weiteren Kriegsverlauf wurde der Ort als Arbeitserziehungslager Ohrbeck bekannt: Zwischen Januar 1944 und April 1945 waren im einstigen »KZ der Gestapo« mehr als 2.000 Jugendliche und Männer aus 17 Ländern, insbesondere den Niederlanden und der ehemaligen Sowjetunion, inhaftiert. Unter dem Kommando der Osnabrücker Gestapo mussten die Gefangenen in den nahe liegenden Klöckner-Werken arbeiten und in Osnabrück Trümmer und Bombenblindgänger beseitigen. Mehr als 100 von ihnen überlebten die unmenschlichen Haft- und Arbeitsbedingungen, die offiziell acht Wochen zu ertragen waren (aber oftmals länger andauerten), nicht. Viele Insassen waren Zwangsarbeiter, die an anderen Orten versucht hatten zu fliehen oder dort nicht die geforderten Arbeitsleistungen erbracht hatten. Ihre Unterbringung im Augustaschacht diente zugleich der Einschüchterung von fast 30.000 Menschen, die im Krieg rund um Osnabrück arbeiten mussten.

Nach Kriegsende bis 1969 fanden deutsche Familien, die im Krieg geflohen oder vertrieben worden waren, im Augustaschacht ein Zuhause. Später wurde das Gebäude zugemauert und geriet in Vergessenheit – bis es 2003 als Gedenkstätte wiedereröffnet wurde.

Der Augustaschacht ist ein nachdenklich stimmender Ort, den man in Eigenregie oder geführt erkunden kann. Um die Düsternis des Ortes zu betonen, fertigte der Osnabrücker Künstler Volker Trieb verkohlte Holzbalken an, die am Gebäude befestigt wurden. Die auf dem Rasen am Gebäude zu findenden Bombenattrappen stammen ebenfalls von ihm.

**Adresse** Zur Hüggelschlucht 4, 49205 Hasbergen-Ohrbeck, www.gedenkstaetten-augustaschacht-osnabrueck.de | **Anfahrt** aus Richtung Osnabrück über Sutthauser Straße, Hermann-Ehler-Straße, Sutthauser Straße, im Kreisverkehr erste Ausfahrt (K 305), weiter auf Holzhauser Straße, links auf Zur Hüggelschlucht | **Öffnungszeiten** Feb.–Okt. Mo–Fr 14–17 Uhr, So 11–17 Uhr; Nov.–Jan. Mo–Fr 14–17 Uhr, So 13–16 Uhr; Führungen nach Absprache | **Tipp** Sehenswert ist der sieben Kilometer lange deutsch-niederländische Skulpturen-Weg, der von der Gedenkstätte Augustaschacht zum Bahnhof Sutthausen (siehe Seite 186) führt. Der mit Skulpturen der niederländischen Bildhauerin Truus Menger, Installationen von Volker Trieb und Zitaten von Erich Remarque versehene Weg erinnert an die Opfer in Ohrbeck und der deutschen Besatzungszeit in den Niederlanden.

# 57 Das ockergelbe Rathaus

*Hilter Gelb ging um die Welt*

Ein architektonisches Schmuckstück von Hilter ist das barocke Rathaus mit seiner leuchtend ockergelben Farbe. Das denkmalgeschützte Gebäude war das erste steinerne Haus in der Stadt und wurde 1752 errichtet, kurz nachdem eine Feuersbrunst, die über 30 Häuser zerstörte, auch den einstigen Herrensitz Hartmann (Kerkmann'sches Guthaus) vernichtet hatte.

Der ockergelbe Anstrich des Rathauses ist kein Zufall: Einst waren Abbau und Vertrieb des »Hilter Goldockers« ein überregional florierender Wirtschaftszweig. Mitte des 19. Jahrhunderts stieß Bernhard Hartmann am Hilteraner Hülsberg auf einen gelbbraunen Naturstoff, der sich als teuer und begehrt erwies. Um den aus eisenhaltigem Sandstein entstehenden Ocker zu gewinnen, wurde in der Nähe des alten Bahnhofs Hankenberge ein erster Stollen in die Erde getrieben; einige weitere folgten. Die Arbeiter kratzten das Rohmaterial mit kleinen Schaufeln von den Schachtwänden, danach wurde es mit Loren an die Erdoberfläche und von dort mit Pferden zur Weiterverarbeitung nach Hilter transportiert. In der Nähe des Rathauses befreite eine Mühle das Grundmaterial von Sand und anderen Fremdkörpern, bis der reine Farbstoff verblieb. Zur Blütezeit des Ockerabbaus wurde der Farbstoff unter dem griffigen Slogan »Hilter Gelb geht um die Welt« bis in die USA transportiert.

Wer heute in Hilter auf ockergelben Spuren wandelt, kann sich nicht nur das Rathaus ansehen, sondern auch den Ockermarkt besuchen, der alle zwei Jahre am dritten Oktoberwochenende stattfindet. Häufiger sind die Veranstaltungen des Natur- und Geoparks TERRA.vita, die zu den ehemaligen Fundorten des Ockers am Hülsberg geleiten. Während der Führung erfährt man eine Menge über die Ockergewinnung, kann grandiose Fotos aufnehmen und sogar eine Prise Ockergestein nach Hause tragen. Von den einstigen Stollen ist heute allerdings nur noch einer unverfüllt – er dient Fledermäusen als Ruhequartier.

Adresse Osnabrücker Straße 1, 49176 Hilter | Anfahrt aus Richtung Osnabrück auf A 33 bis Ausfahrt Hilter, weiter Richtung Bad Iburg/Hilter, weiter auf L 97, links auf Osnabrücker Straße, rechts auf Zum Schoppenbusch und direkt wieder rechts (Parkplatz hinter dem Rathaus) | Tipp Ein idyllischer Ort in Hilter-Hohenloh (Ebbendorf) ist der Renkenörener See am Fuße der Wolfsquelle. Der See ist allerdings nur von Mitte Mai bis Mitte Juli an Sonn- und Feiertagen von 14–18 Uhr geöffnet.

# 58__Der Uphöfener Berg

*Deutschlands nördlichste Bergrennstrecke*

Mehr als 360 Tage im Jahr ist der Uphöfener Berg am Ortsrand von Borgloh ein außerordentlich beschaulicher Ort. Abseits der Touristenströme laden gediegene Bauernhäuser, hübsche Kapellen, malerische Pfade und verträumte Aussichtspunkte zum Entdecken und Verweilen ein. Auf den Weiden schauen Kühe dem Wanderer erstaunt entgegen. Die von Borgloh nach Bissendorf führende Kreisstraße beachtet kaum jemand.

An zwei Tagen im Jahr ist alles anders. Schon in der Früh bilden sich auf einigen Feldwegen rund um den kleinen Ort lange Autoschlangen. Sie werden zu einem großen Parkplatz im Nirgendwo geleitet. Von dort ziehen die Menschen zu Fuß in Richtung der schnell zunehmenden Dezibelpegel. Bepackt mit Vorfreude, Getränken, Klappstühlen, Feldstechern und jeder Menge Fachwissen, führt ihr Weg zu jener Strecke am Uphöfener Berg, die als die am weitesten nördlich gelegene Bergrennstrecke Deutschlands gilt. Bescheidene 2.030 Meter misst ihre Länge, bei einer Durchschnittssteigung von 4,5 Prozent. Das Osnabrücker Bergrennen, das einzige Bergrennen Niedersachsens, hat diese Menschen gerufen.

Das Osnabrücker Bergrennen am Uphöfener Berg ist seit Langem ein Geheimtipp für Motorsportfreunde aus nah und fern. Das erste Rennen fand 1968 mit 144 Teilnehmern und annähernd 7.000 Zuschauern statt. Als 1970 ein Fahrer beim Aufprall gegen einen Baum tödlich verunglückte, wurden die Sicherheitsvorkehrungen rund um die Strecke verbessert und schließlich doppelte Leitplanken als Streckenbegrenzung installiert. 1971 befuhren erstmals Formel-3-Fahrzeuge, 1980 auch Formel-2-Boliden die Strecke. Das Bergrennen ist Teil der Deutschen Bergmeisterschaft für Renn- und Tourenwagen und weiterer Meisterschaften und Pokale. Menschen, die mit knatternden Motoren und Hochgeschwindigkeitsschau wenig zu tun haben, können ebenfalls Spaß an dem Rennen haben. Den rauschenden Trubel inmitten der Felder vergisst niemand so schnell.

**Adresse** Alt Uphöfen 1, 49176 Hilter-Borgloh | **Anfahrt** aus Richtung Osnabrück auf A 30 bis Ausfahrt Bissendorf, Richtung Bissendorf, im Kreisverkehr erste Ausfahrt (Meller Straße), im nächsten ebenso (Borgloher Straße), weiter auf Holter Straße bis Alt Uphöfen, an Renntagen den Markierungen zu den Parkplätzen folgen | **Öffnungszeiten** jährlich im August; nähere Infos bei Bernd Stegmann, Tel. 0541/97048802, E-Mail: Bernd.Stegmann@gmx.de | **Tipp** Ein besonderes Schmuckstück in Borgloh ist die Kirche Sankt Pankratius (Hauptstraße).

# 59_Die Gaststätte Kayüte

*Das Seemannsheim am Kurpark*

Was geschieht, wenn ein passionierter Segler ein Restaurant im Teutoburger Wald eröffnet? Ein eindrucksvolles Beispiel für ein Leben mit dem Meer abseits der großen Wasserstraßen findet man in der Gaststätte Kayüte, nur ein paar Delphinsprünge vom Bad Meinberger Kurpark entfernt. In dem Lokal, das vorwiegend von Einheimischen des lippischen Festlandes besucht wird, findet man alles, was den Segel- und Meeresfreund berührt. In den Fenstern lassen sich dekorative Leuchttürme und Segelschiffe bewundern, kleinere Segelboote stehen in Gruppen auf dem Tresen. Es gibt eine Schiffsglocke und kunstvolle Schnitzereien, sogar ein Spardosenschiff zur Rettung Schiffbrüchiger ist vorhanden. An einer Wand hängen Urlaubsfotos aus aller Welt, daneben findet sich eine verblichene Seekarte. Reiner Reiling, der Inhaber der Gaststätte, nutzte sie 1989, als er zum ersten Mal mit dem Segelschiff den Atlantik überquerte.

Man sagt, dass es ein stürmischer Tag war, als Reiling im April 1989 in seinem Elternhaus die Kayüte eröffnete. Seit 1983 hatte er dort bereits einen Imbiss geführt. Den Namen Kayüte wählte Reiling, weil er seinen Gästen auch zu Land einen behaglichen Schiffsplatz bieten wollte. Die im Restaurant zu findenden Meeresfrüchte hat Reiling, dem sogar eine Weltumsegelung glückte, im Laufe der Jahrzehnte selbst gesammelt oder von Stammgästen geschenkt bekommen. Besonders ans Herz gewachsen ist dem Segler eine handbemalte Kokosnuss, die er auf dem Postamt in Tonga aufgab.

In einer meerespassionierten Gaststätte darf natürlich auch die entsprechende Küche nicht fehlen. Der wohlschmeckende Hering, den Reiling in der Matjessaison (Juni bis Oktober) anbietet, hat es vielen Gästen angetan. Frischen Fisch kann man in der Kayüte aber an jedem Freitag verspeisen. Gutbürgerliches, Kuchen, Helgoländer Eiergrog und andere Erfrischungen werden im heimeligen Meeresheim ebenfalls gereicht.

**Adresse** Allee 6, 32805 Horn-Bad Meinberg, Ortsteil Bad Meinberg, www.kayuete.de | **Anfahrt** aus Richtung Detmold über Hornsche Straße und Detmolder Straße nach Bad Meinberg, im Kreisverkehr dritte Ausfahrt (Allee), die Gaststätte liegt linker Hand. | **Öffnungszeiten** Mo–So 11–23 Uhr | **Tipp** Im Kurpark von Bad Meinberg steht ein Denkmal, das die Fürstin Pauline, ehemals bedeutendste Regentin des Landes Lippe, auf einer Parkbank zeigt. Die Fürstin soll im Park einst strickend Audienz erteilt haben, wenn sie in Meinberg zur Kur weilte.

# 60 Die privilegirte Apotheke

*Drogenhandel anno 1739*

»Privilegirte Apotheke, Georg Neumann. Drogen, Chemikalien, Mineralwässer, Weine«. Mit diesen Worten empfängt ein altes Schild die Besucher der Apotheke an der Mittelstraße 83 in Horn. Oder korrekter: empfing, denn im Mai 2012 musste die Apotheke, die bereits 1739 entstand, geschlossen werden. Fortziehende Ärzte, fehlender Parkraum vor dem Geschäft und die Stufen im Eingangsbereich, die ein barrierefreies Betreten der historischen Räumlichkeit verhindern, führten zum Ausbleiben der Patienten. Auch der Attraktivitätsverlust der Horner Innenstadt lieferte seinen Beitrag. In den letzten Jahrzehnten mussten viele Geschäfte rund um die bereits 1443 urkundlich belegte Myddelstrate wegen Geschäftsneubauten in der Peripherie ihre Türen schließen.

Wie schade dies ist, erfährt der Besucher, wenn er neben den heruntergezogenen Jalousien durch die gläserne Eingangstür der Apotheke lugt. Der Blick fällt auf ein beachtliches Stück Medizingeschichte, das Hans-Georg Neumann, der heutige Besitzer der Apotheke, und seine Vorfahren im Verlauf der Jahrhunderte zusammentrugen. Obschon man von außen nur einen Bruchteil aller Gegenstände erspähen kann, lassen sich auch von dort uralte Verpackungen von Gesundheitsmitteln, Destillen, Kolben, Mörser und andere alte pharmazeutische Gerätschaften erkennen.

Im Jahre 1899 erwarb Hans-Georg Neumanns Großvater die Apotheke und begann mit dem Unterhalten und Pflegen besonderer Dinge. Aus jener Zeit stammt beispielsweise ein zur Aspirin-Werbung genutztes Thermometer der Firma Bayer. Bis 1945 war die Apotheke privilegiert, das heißt, dass im Umkreis von 15 Kilometern keine weitere Apotheke eröffnet werden durfte. Eine Kopie der Originalurkunde über das Privileg, das bereits 1787 vom Fürsten Ludwig Adolf zu Lippe ausgesprochen wurde, hängt ebenfalls in der Apotheke. Hans-Georg Neumann übernahm die Apotheke 1972 und führte sie bis zu ihrem Ende.

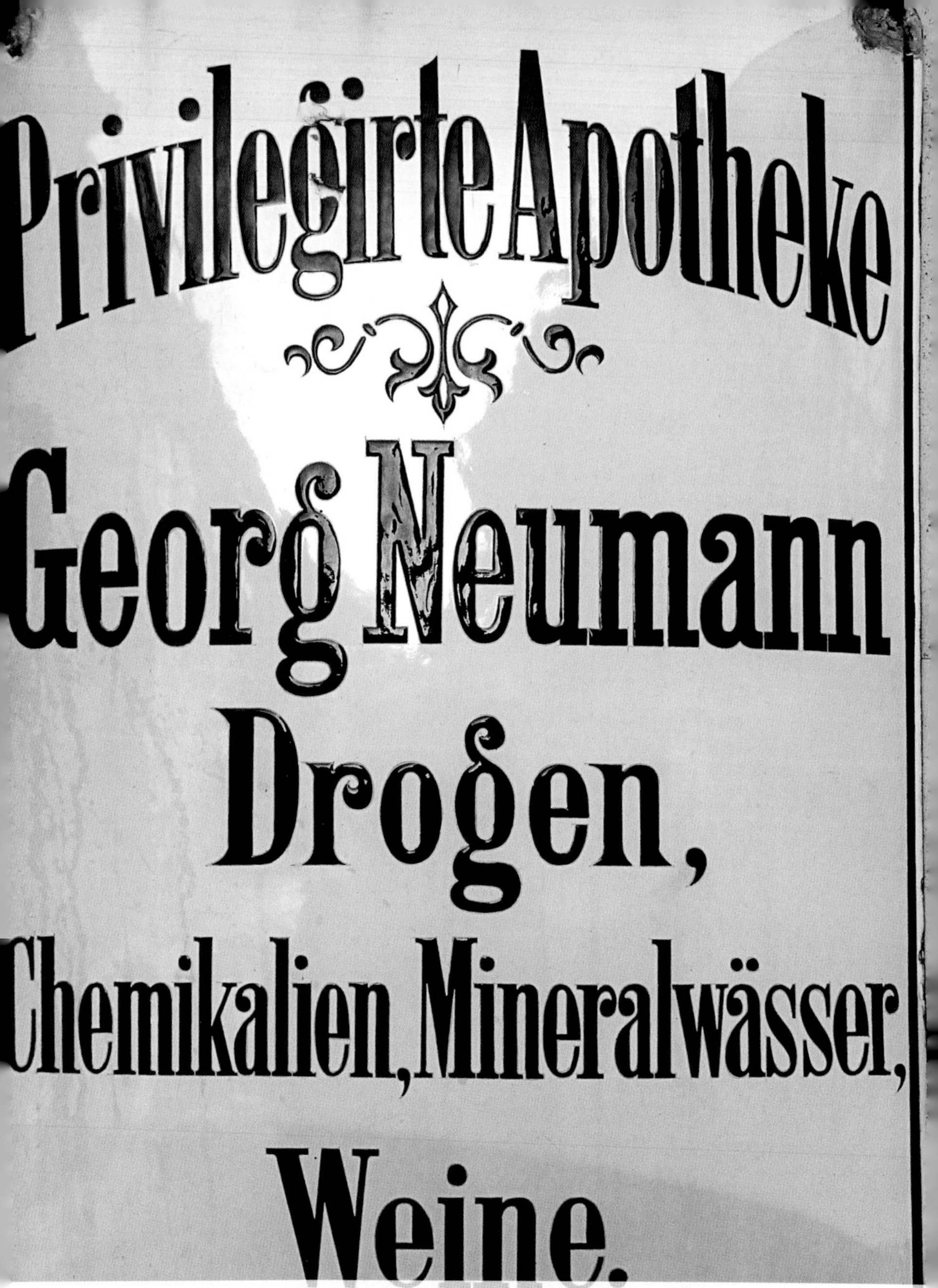


**Adresse** Mittelstraße 83, 33805 Horn-Bad Meinberg, Ortsteil Horn | **Anfahrt** aus Richtung Detmold über Hornsche Straße und Detmolder Straße in Richtung Horn-Bad Meinberg, rechts auf Nordstraße, im Kreisverkehr erste Ausfahrt (Potthof), links auf Mittelstraße | **Tipp** Ein beeindruckender Ort in Horn ist die Malzdarre (Eulenturm), der letzte erhaltene der ursprünglich vier Türme entlang der alten Horner Stadtmauer.

# 61 Der Barnacken

*Überraschung am höchsten Teuto-Berg*

Der Barnacken erfüllt keine klassischen Erwartungen an einen Ausflugsberg. Im Gegensatz zu den beliebten Aussichtsgipfeln des Lippischen und Preußischen Velmerstot im benachbarten Eggegebirge gibt es auf dem mit 442 Metern höchsten Berg im Teutoburger Wald weder einen spektakulären Gipfelaufbau noch einen Aussichtsturm zu bestaunen. Und nicht einmal ein Wanderweg scheint sich für die höchste Spitze des Berges zu interessieren – es gibt ihn schlichtweg nicht. Entsprechend wenig wird der Barnacken in der Tourismusbranche als Ausflugsziel gepriesen. Eine traurige Fehleinschätzung, denn der Berg, über den auch ein Nordteil der Rhein-Weser-Wasserscheide verläuft, gehört zweifellos zu den schönsten Ausflugszielen im östlichen Teutoburger Wald.

Auf dem weitläufigen Plateau des Barnacken mit seinen Ausläufern Kleine Rigi, Kartoffelberg, Mordkopf und Padberg lassen sich viele schöne Plätze entdecken. Uralte Steinbrüche, Naturdenkmäler und sonderbare Felsformationen laden zum Staunen und Entdecken ein. Auch das bewusste Wahrnehmen der Stille in den Buchen- und Fichtenwäldern, die die Hänge und die menschenleeren Seitentäler des Bergmassivs bewohnen, ist ein außergewöhnliches Erlebnis.

Ein mit Überraschungen gespickter Weg auf den Barnacken startet am Urnenwald Externsteine. Das unmarkierte Asphaltsträßchen überquert die munter dahinplätschernde Wiebecke und windet sich dann nach links. Geht man an der nächsten Kreuzung scharf nach rechts und folgt dem steinigen, schnurgerade bergan führenden Weg, so lässt sich an seinem Ende eine gute Sicht auf das Tal und einen felsigen Hohlweg genießen, dessen Zugang eine bemooste Felsenstufe versperrt. Ab der Kleinen Rigi mit kunstvoll verwachsenem Baum (Krüppelige Buche) folgt man der Markierung 34, die an einem einstigen Kalksteinbruch vorbei zur Barnackenhütte führt. Von dort lässt sich der höchste Punkt des Berges selbst suchen.

Adresse 33805 Horn-Bad Meinberg, Ortsteil Holzhausen-Externsteine, Zugang zum Beispiel von der Straße Am Bärenstein, Parkplatz am Urnenwald Externsteine | Anfahrt aus Richtung Detmold über Hornsche Straße Richtung Horn-Bad Meinberg, rechts auf Hornoldendorfer Straße Richtung Horn, links auf Externsteiner Straße, rechts auf Am Bärenstein, Straße bis zum Ende folgen, von dort Fußweg (hin und zurück 4,5 Kilometer) | Tipp Ein Erlebnis der besonderen Art ist der 4,5 Kilometer lange GPS-Moor-Erlebnispfad, der die Ortsteile Horn und Bad Meinberg verbindet.

# 62 Die zwei Drachen

*Ungeheuerliches aus der Welt der Externsteine*

Drachen müssen nicht zwangsläufig gefährlich sein. Ein gutes Beispiel dafür liefern zwei an den Externsteinen vorkommende, landläufig nur wenig bekannte Ungeheuer. Den ersten der beiden Drachen, eine aus einem Eichenstamm geformte Skulptur, kann man auf einem Weg zu den Externsteinen kennenlernen. Seit über 20 Jahren bewacht der gutmütig schauende und vor allem bei Kindern als Spielgefährte beliebte Holzdrachen mit den großen Augen den Hauptzugangsweg zu den Externsteinen, also den Weg zwischen dem Gastronomie- und Informationszentrum am Parkplatz der Externsteine, dem Restaurant Felsenwirt und dem zu Füßen der Gesteinsgruppe liegenden Teich. Obwohl der liebenswerte Drache erkennbar die Arbeit eines geübten Holzschnitzers ist, weiß niemand genau, welcher Künstler ihn erschuf. Es soll jedoch ein Besucher der Externsteine gewesen sein, der aus dem bereits zuvor dort liegenden Stamm, der aufgrund seiner Form schwer verkäuflich war, einen Drachen schnitzte.

Ein weiteres, weitaus kleineres Ungeheuer versteckt sich seit dem 11. Jahrhundert im sogenannten Kreuzabnahmerelief, das in den Treppenfelsen der berühmten Gesteinsgruppe eingearbeitet wurde. Man muss genau hinschauen, um das im unteren Register des Christusreliefs zu Füßen des Kreuzes kniende Menschenpaar zu erkennen, das vom Hals und Schwanz eines vermutlich zweibeinigen, geflügelten Drachen umschlungen wird. Der stark verwitterte Zustand der unteren Reliefpartien lässt das Aussehen des aus Vogel- und Reptilienteilen bestehenden Ungeheuers nicht mehr genau rekonstruieren – dies führte zu teils wilden Spekulationen.

Welche Bedeutung der freundliche Holzdrachen und das komplexe, mehrfach gewundene und verknotete Mischwesen-Ungeheuer aus dem Christusrelief auch immer haben mögen: Die ungleichen Ungeheuer der berühmten Felsengruppe sind ebenso wie die Felsen selbst und ihre wunderschöne Umgebung eine Reise wert.

Adresse 33805 Horn-Bad Meinberg, Ortsteil Holzhausen-Externsteine, Zugang zum Beispiel vom Parkplatz am Felsenwirt, Externsteiner Straße | Anfahrt wie bei Ort 61, ab Externsteiner Straße den Beschilderungen zum Parkplatz folgen, von dort zu Fuß (Hin- und Rückweg 20 Minuten) | Tipp Ein lohnendes Ziel in Horn ist die Burg Horn, in der auch ein kleines Museum untergebracht ist (Burgstraße).

# 63__Die Hexenhöhle

*Die Walpurgisnacht und der letzte Berg im Westen*

Walpurgisnächte wurden nicht nur im Harz, sondern auch im Teutoburger Wald, genauer an einer Höhle nördlich von Bevergern, gefeiert. Zumindest weiß dies eine regionale Sage zu berichten. Sie ist ein Grund dafür, warum die Bevergerner am Abend des 30. April einst nur ungern ihr Heim verließen. Heute erinnert nur noch der Name der Höhle, die sich oberhalb eines alten Steinbruchs an den Südhang des Huckbergs schmiegt, an jene wilde Zeit. Die 27 Meter lange Hexenhöhle im Sandstein hält aber auch für weniger Sagenbegeisterte eine Besonderheit bereit: Am Felsgestein der Höhle sind wurmähnliche Lehmauflagerungen, die Vermikulationen, zu bestaunen.

Der Huckberg selbst ist in vielerlei Hinsicht außergewöhnlich: Der 96 Meter hohe Hügel bildet den Abschluss des Teutoburger Waldes im Westen und ist damit die letzte Erhebung vor der Norddeutschen Tiefebene. Der Name Huck (von huk: hochdeutsche Mundart für »Zäpfchen im Halse«) beschreibt vermutlich die Position des Berges, der mit der Hügelkette des restlichen Teutoburger Waldes nicht verbunden ist. Zur isolierten Lage des Berges tragen auch zwei Wasserstraßen bei: Seit 1900 ist der Huckberg durch den Dortmund-Ems-Kanal vom südlich gelegenen Bevergerner Ortskern getrennt. Eine weitere Trennlinie zu seinen Gebirgsbrüdern entstand 1917 durch den Bau des Mittellandkanals.

Huckberg und Hexenhöhle lassen sich entlang eines idyllischen, 3,5 Kilometer langen Rundwegs erkunden. Am Waldrand nahe der Kreuzung von Mittelland- und Dortmund-Ems-Kanal (Nasses Dreieck) folgt man dem Bevergerner Pättken, das einen empor zur Hexenhöhle, in einem großen Bogen hinab zur Straße und wieder hinauf auf den malerischen Kammweg des Huckbergs geleitet. Hat man die Aussichten auf das Münsterland genossen und die höchste Stelle des Berges (Schutzhütte) passiert, führt der Weg in einer Rechtskurve zur Straßenkreuzung vor dem Mittellandkanal hinab und nach rechts zum Nassen Dreieck zurück.

**Adresse** 48477 Hörstel-Bevergern, Zugang zum Beispiel vom Café/Restaurant Am Nassen Dreieck, Am Hafen 15 (Huckbergstraße), www.am-nassen-dreieck.de | **Anfahrt** aus Richtung Osnabrück auf A 30 bis Ausfahrt Hörstel/Hopsten, rechts auf Bergeshöveder Straße, am Mittellandkanal entlang und bis zum Nassen Dreieck geradeaus, von dort Fußweg: der Huckbergstraße in Richtung Westen (entlang des Dortmund-Ems-Kanals) 700 Meter folgen, am Waldrand rechts (Einstieg zum Bevergerner Pättken) | **Öffnungszeiten** Café (im Sommer mit Außenterrasse) Ostern–Okt. Mo–So ab 11 Uhr; Okt.–Ostern So ab 11 Uhr | **Tipp** Reizvoll ist ein Rundgang durch die Bevergerner Altstadt.

# 64 Das Kunsthaus-Kloster

*Die unorthodoxen Erben der Championzucht*

Mehr als 500 Jahre lang verlief die Geschichte des im Jahre 1256 von Ritter Konrad von Brochterbeck und seiner Frau Amelgardis als eines von drei Zisterzienserinnenklöstern im Tecklenburger Land gegründete Kloster Gravenhorst weitgehend unspektakulär. Ab 1808, dem Jahr der Säkularisation, in dem per Dekret Napoleons der Konvent geschlossen wurde, musste das Kloster viele neue Aufgaben erfüllen. Es wurde als Steinbruch, Zuckerrübenfabrik, Dampfmaschinenwerkstatt, Jagdschloss eines Konsuls und sogar als weithin bekannte Champignonzuchtstätte genutzt. Einst soll es in Gravenhorst sogar die größte Champignonzucht Europas gegeben haben. Das Kloster war aber auch Zwangsarbeiter- und Kriegsgefangenenlager, Flüchtlingsheim und Behelfslazarett und diente schließlich als landwirtschaftlicher Betrieb. Im Laufe der Jahrzehnte verfiel der stattliche Gebäudekomplex. In den 1980er und 1990er Jahren nahm die Anzahl notdürftiger Sicherungsmaßnahmen drastisch zu.

Ein Wendepunkt für die Klostergeschichte war das Jahr 2001, als das Kloster zum Leuchtturmprojekt der Regionale 2004 erkoren wurde. Das Land Nordrhein-Westfalen förderte damit den Aus- und Wiederaufbau der Anlage und die nachhaltige Sicherung der historischen Bausubstanz. So wurden die Rektoratskirche, das Back- und Brauhaus und die Klostermühle vollständig wiederhergestellt. Seit 2004 ist das Kloster auch ein Ort der Kunst mit Veranstaltungssaal, Ausstellungs- und Tagungsräumen, Wohntrakt, Ateliers und Gastronomie. Altes und Neues, Historie und Gegenwart werden durch die Raffinessen der modernen Architektur geschickt nebeneinander dargestellt. So kontrastiert zum Beispiel der kühle Beton eines monolithischen Treppenhauses im Westflügel das Historische des Saals. Das Kunsthaus ist aber auch ein Ort der Begegnung, an dem Künstler und Kunstinteressierte leidenschaftlich miteinander diskutieren.

Adresse Kunsthaus Kloster Gravenhorst, Klosterstraße 10, 48477 Hörstel-Gravenhorst | Anfahrt aus Richtung Osnabrück auf A 30 bis Ausfahrt 11a (Ibbenbüren-West), Richtung Ibbenbüren-West, im Kreisverkehr dritte Ausfahrt (Gravenhorster Straße), weiter auf Friedrich-Wilhelm-Straße, links auf Klosterstraße | Öffnungszeiten Di–Sa 14–18 Uhr, So, Feiertage 11–18 Uhr | Tipp Mühlenliebhaber sollten unbedingt Knollmanns-Mühle besuchen. Die funktionsfähige Doppelmühle bietet als technisches Denkmal spannende Einblicke in die Mühlentechnik (Uferstraße 38).

# 65__Das Doktor's Lock

*In der sagenumwobenen Kaiserei*

Es gibt keine Hinweisschilder, und auch in den meisten Wanderkarten sucht man sie vergeblich. Und doch gibt es sie, die sagenumwobenen Felsen im Riesenbecker Wald. Einen Steinwurf vom Hermannsweg und von einer Palette idyllischer Fischteiche entfernt erhebt sich eine mit Moosen bewachsene, zerklüftete Felsformation mit einer großen und einer kleinen Öffnung. An der größeren prangt ein Schild mit der sonderbaren Inschrift »Doktor's Lock«. Diese drei Meter lange, von Hand geschaffene Rundbogengrotte ist möglicherweise der Rest einer bereits 1515 urkundlich erwähnten Einsiedelei. Der seltsame Name der bogenförmigen Nische geht vermutlich auf den angesehenen Sanitätsrat Doktor Verlage zurück, der um 1850 herum die Fischteiche als Pächter der Kaiserei und die Felsgrotte an den Teichen für seine Zwecke nutzte. Das Wort Kaiserei ist eine alte Flurbezeichnung für das waldbestandene Tal und rührt wahrscheinlich von der Kaiserlichen Heerstraße her, die einst an diesem Ort vorbeiführte.

Die Öffnung links vom Doktor's Lock ist der Eingang zu einem sieben Meter langen Luftschutzstollen. Er wurde 1944 als Erweiterung einer natürlichen Kluft im Sandstein angelegt. Der Stollen sollte mit der Felsengrotte verbunden werden und die Grotte als Notausgang für den Stollen dienen. Nach Ende des Krieges wurden die Bauarbeiten jedoch eingestellt.

Rund um die sonderliche Felsformation ranken sich viele Mythen und Geschichten. Manche glauben, dass das Doktor's Lock früher als eine Art Notkapelle genutzt wurde, die Kaiserei soll eine Gerichtsstätte gewesen sein. In einer Sage aus der Kaiserei (»Der ungetreue Verwalter«) wurde ein böser Geist von einem Geistlichen aus einem nahen Schloss, der Surenburg, in die Kaiserei verbannt. Angst vor dem Geist braucht man hier aber nicht zu haben, weil jener inzwischen den Rückweg antrat. Er soll dem Schloss jedes Jahr einen Hahnentritt näher kommen.

**Adresse** 48477 Hörstel-Riesenbeck, Zugang zum Beispiel vom Wanderparkplatz am Birgter Berg (Zufahrt vom Postdamm) | **Anfahrt** wie bei Ort 66, aber der Straße Am Teutohang bis zum Ende folgen, dann links (Postdamm, K3). Der Parkplatz liegt nach wenigen hundert Metern linker Hand, von dort zu Fuß: die Straße überqueren und dem Hermannsweg bergab folgen, links und vor dem Gedenkstein rechts, dem schmalen Pfad folgen, an der T-Kreuzung rechts | **Tipp** Wer wissen will, ob der Geist schon die Surenburg erreicht hat, sollte das reizvolle Schlösschen mit seinen hochstämmigen, geheimnisvollen Baumalleen unbedingt aufsuchen. Das Schlossinnere kann leider nicht besichtigt werden (Zufahrt von Emsdettener Straße).

# 66 Die Himmelsleiter

*256 Stufen bis zum Himmelreich*

Mit einer Länge von 210 Metern ist die Riesenbecker Himmelsleiter eine der kürzesten in den Himmel führenden Leitern der Welt. Ihr Himmel, auch als »Schöne Aussicht« oder »Aussichtsbalkon über dem Münsterland« bekannt, ist der Endpunkt dieser Leiter.

Die breiten, eine Höhendifferenz von 40 Metern überwindenden 256 Sandsteinstufen kann man in fünf Minuten hinter sich lassen. Begeht man die Freitreppe mit Bedacht, so entdeckt man am linken Wegesrand, auf Höhe der Stufen Nummer 98/99, eine uralte Buche mit ausladendem Geäst. Ihre Wurzeln haben sich tief in das Gestein gegraben. Hinter ihr steht die vierte Leidensstation Christi. Sie gehört zu einem Stationsweg mit fünf Stationen, der in der Dorfkirche St. Kalixtus in Riesenbeck beginnt.

Die Schöne Aussicht liegt in einer Höhe von 116 Metern am Südhang des 134 Meter hohen Riesenbecker Bergs. Trotz dieser geringen Höhe trägt die Aussichtsplattform ihren Namen zu Recht: Bis weit in das nördliche Münsterland kann man seinen Blick schweifen lassen, gut zu erkennen ist auch die Einteilung der Münsterländer Parklandschaft. Bei klarer Sicht sind selbst einige Türme der Münster'schen Kirchen und das Universitätsklinikum auszumachen. Zur besseren Orientierung für die im Umkreis zu sehenden Orte wurde 1988 auf einem mit Sandstein verkleideten Betonsockel eine Wegweiserplatte angebracht. Der an der Plattform thronende Sandsteinturm wurde 1926 vom örtlichen Heimatverein erbaut und, da er eine Flakstellung beherbergte, im Zweiten Weltkrieg zerstört. Auch die Aussichtsplattform wurde schwer beschädigt. Plattform und Turm wurden später aber wieder aufgebaut.

Der Name Schöne Aussicht geht vermutlich auf eine Auswanderin zurück, die an ihrem letzten Tag in Riesenbeck diesen Punkt benannte. Wegen der Bedeutung für Riesenbeck stellte die Stadt Hörstel die Schöne Aussicht mit ihrer Himmelsleiter im Oktober 1999 unter Denkmalschutz.

Adresse 48477 Hörstel-Riesenbeck, Zugang zum Beispiel vom Wanderparkplatz Am Teutohang, Ecke Teutostraße | Anfahrt aus Richtung Osnabrück auf A 30, Ausfahrt Richtung Hörstel/Hopsten, rechts auf Bergeshöveder Straße, der Straße hinter dem Kanal nach rechts folgen, rechts auf Am Teutohang, der Parkplatz liegt linker Hand | Tipp Faszinierend ist das Landmaschinenmuseum in Riesenbeck: Der Rundgang ist dem Jahreszyklus landwirtschaftlicher Tätigkeiten angepasst (Im Vogelsang 75, www.lm-museum-riesenbeck.de). Freunde von Himmelsleitern sollten auch den Osten des Teutoburger Waldes aufsuchen (siehe Seite 180).

# 67 Das Kaltwasseraquarium

*Deutschlands größte Anlage im NaturaGart-Park*

Störe, immer wieder Störe. Wer die Unterwasserwelt des Aquariums im NaturaGart-Park betritt, kann Störe vieler Arten und in nahezu allen Größen entdecken. Vom über zwei Meter langen Belugastör über den Atlantischen Stör und den Löffelstör bis hin zum kleinen Albino-Sterlet für den Privatteich ist alles dabei. Die von ihrer Gestalt ein wenig an Haie erinnernden Tiere schwimmen je nach Art und Größe zusammen mit anderen Fischen in den Aquarien. Das größte von ihnen, das 300 Quadratmeter große Mittelbecken, bildet den Innenbereich eines Rondells, das der Besucher durch einen ringförmigen, von »Sandsteinfelsen« eingefassten Gang umgeht. An den Höhlenwänden werden Filme und Informationen zu den Wasserbewohnern eingespielt. Eine Stör-Ausstellung, zu der auch historische Behältnisse mit altsowjetischem Kaviar (Störeier) gehören, trägt ebenfalls zur Wissensfindung bei. Mit annähernd 700 Kubikmeter Wasser sind die Teich- und Wildfischbassins das größte Kaltwasseraquarium Deutschlands.

Der 200.000 Quadratmeter große NaturaGart-Park ist Freizeitpark, Freilandlabor und kundenorientierte Technikshow zugleich. Die Firma NaturaGart entwickelt Produkte, die die Lebensqualität in Gärten erhöhen. Bevor diese Produkte den Kunden erreichen, werden sie im Freilandlabor getestet und vorgeführt. Dahinter verbirgt sich die Überzeugung, dass ein Interessent ein Produkt vor allem dann erwirbt, wenn er gesehen hat, wie (schön) es aussieht und dass es funktioniert.

Neben beeindruckenden Aquarien gibt es im Park den weltweit größten künstlich angelegten See für Sporttaucher mit Unterwasser-Höhlensystem, eine elf Meter hohe Palmenhalle, eine künstlich angelegte Seenplatte mit verwildertem Auenwald, eine Gärtnerei und ein Café, in dem man das Erlebte verdauen kann. Informationsbroschüren zu den Produkten und regelmäßig aktualisierte Videos im Internet (NaturaGart-TV) runden das attraktive Kundenangebot ab.

Adresse Riesenbecker Straße 63, 49479 Ibbenbüren-Dörenthe | Anfahrt aus Richtung Osnabrück auf A 30 bis Ausfahrt Ibbenbüren, im Kreisverkehr dritte Ausfahrt (Münsterstraße), Straße folgen, rechts auf Riesenbecker Straße. Der Parkplatz liegt linker Hand an der Stichstraße (beschildert), das Aquarium linksseitig im vorderen Parkabschnitt. | Öffnungszeiten Mo–So 8–20 Uhr, im Winter bis zur Dämmerung | Tipp Wer Sagen und sagenhafte Menschenströme liebt, sollte am Wochenende die Dörenther Klippen am Südhang des Teutoburger Waldes aufsuchen (Wanderparkplatz Münsterstraße). Dort blickt das Hockende Weib, ein mythenumrankter Felsen, der Touristenschar kopfschüttelnd entgegen.

# 68 Der Loismann-Garten

*Das lauschige Zuhause der exotischen Baumgiganten*

Er ist ein echter Blickfang. Mit annähernd 35 Meter Höhe überragt der prächtige Mammutbaum nahezu alle anderen Pflanzen im malerischen Loismann-Garten. Das anmutige Gewächs mit seiner lang gestreckten, kegelförmigen Krone war einer der ersten Nadelbäume, der auf der Dörenther Anhöhe wenige hundert Meter südlich des Teutoburger Waldes gepflanzt wurde.

Der Loismann-Garten blickt auf eine spannende Vergangenheit zurück. 1894/95 wurde beim Bau des Dortmund-Ems-Kanals ein Aushub auf das Land des Bauern Bernhard Loismann geschüttet. Den so entstehenden Hügel mit einer Grundfläche von circa zwei Hektar bepflanzte Loismann um 1898 herum mit Obstbäumen. Da diese jedoch nicht den gewünschten Ertrag einbrachten, begann Loismann senior, und später auch sein Sohn Karl, einheimische und fremdländische Bäume und Sträucher zu pflanzen. Um 1910 wurden die ersten aus Samen gezogenen Bäume auf der Anhöhe ausgepflanzt, darunter der noch immer zu bestaunende nordamerikanische Mammutbaum.

Im Loismann-Garten lassen sich heute »exotische« Bäume mit klangvollen Namen wie Hänge-Fächerblattbaum, Taschentuchbaum, Mammutblatt, Sicheltanne, Zitzenfichte und Götterbaum sowie eine 22 Meter hohe »Duftmagnolie« bewundern. Die Honoki-Magnolie bringt im Juni bis zu 20 Zentimeter große, stark duftende Blüten hervor. Vertraute und weniger bekannte Sträucher und Blütenpflanzen gedeihen auf dem Gelände ebenfalls in Hülle und Fülle.

Im heimeligen, liebevoll von privater Hand gepflegten Loismann-Garten kann man nicht nur Pflanzen, sondern auch sich selbst begegnen. Wegen der besonderen Atmosphäre und Stille des Ortes wird die historische Grünanlage als Meditations- und Kraftort geschätzt. Eine Überraschung bietet das hintere Ende des Gartens: Dort steht eine kleine Aussichtsbank, von der aus man eine bezaubernde Sicht auf den Dortmund-Ems-Kanal und die Windräder im Münsterland genießen kann.

Adresse Loismannweg 10, 49479 Ibbenbüren-Dörenthe | Anfahrt aus Richtung Osnabrück auf A 30 bis Ausfahrt Ibbenbüren, im Kreisverkehr 3. Ausfahrt (Münsterstraße), Straße bis Dörenthe folgen, im Ort hinter der Sparkasse rechts (Löchtweg), den Beschilderungen folgen; der Waldparkplatz liegt rechter Hand | Öffnungszeiten April–Okt. ganztägig | Tipp In der Ibbenbürener Innenstadt befindet sich das sehenswerte Stadtmuseum (Breite Straße 9, www.stadtmuseum-ibbenbueren.de).

# 69__Die Freizeit-Zwerge

*Die stillen Beobachter an der Sommerrodelbahn*

2015 feierte er sein 125-jähriges Jubiläum. Es war der 10. November 1890, als der erste deutsche Gartenzwerg in Thüringen das Licht der Welt erblickte. Seitdem ist viel passiert. Der Gartenzwerg eroberte in unzähligen Varianten die deutsche Gartenlandschaft und machte auch vor dem Ausland nicht halt. Im Teutoburger Wald indes stießen die forschen Zwerge mit den lustigen Mützen an ihre Grenzen. Zwar gab es dort auch Gärten, aber vor allem Wald und großflächiges Kulturland. Als 1928 ein Bergmann am Nordhang des Teutoburger Waldes nahe Ibbenbüren eine 100 Meter lange Rutsche für Holzschlitten errichtete, entdeckten die Zwerge, dass es sich auch im Wald gut leben lässt. Sie begannen, sich in regelmäßigen Abständen an der Abfahrtsstrecke der Sommerrodelbahn zu positionieren. Dies behaupten zumindest die Verfechter der Gartenzwergtheorie. Andere hingegen vermuten, dass die stillen Beobachter entlang der Strecke, auf der Jung und Alt auch heute noch stilecht auf Schlitten den Hang hinabsausen, echte Waldzwerge, Wichtel oder sogar mit den Zwergen aus »Schneewittchen« verwandte Märchenwesen seien. Ausschließen kann man dies nicht, zumal die bemützten Streckenposten jenen Zwergen des benachbarten Märchenwaldes zum Verwechseln ähneln.

Der Märchenwald des Freizeit- und Erholungsparks Sommerrodelbahn wurde 1958 inmitten einer herrlichen Landschaft nur wenige Meter neben der Rodelbahn erbaut und ist seitdem fester Bestandteil des Parks. Auf einem aufregenden Rundparcours wird der Besucher zu ausgewählten Märchen der Gebrüder Grimm und durch die sagenhafte Welt der Zwerge (ohne nähere Klassifizierung) geleitet. Zwergengrotten und die Zwergenwirtschaft »Vogelhochzeit« sorgen dafür, dass Zwerge jeder Couleur im Park einen behaglichen Unterschlupf finden.

Am Eingang des mit zahlreichen weiteren Attraktionen bespickten Parks heißt ein Schild alle Kinder zwischen acht und 80 Jahren willkommen. Alter spielt im Zwergenreich keine Rolle.

Adresse Münsterstraße 265, 49479 Ibbenbüren-Lehen | Anfahrt aus Richtung Osnabrück auf A 30 bis Ausfahrt Ibbenbüren, im Kreisverkehr dritte Ausfahrt (Münsterstraße), der Straße folgen; der Parkplatz liegt 700 Meter hinter der Autobahnabfahrt linker Hand | Öffnungszeiten Mitte April–Mitte Okt. Mo–So 10–18 Uhr | Tipp Rasant beschleunigende Zweiräder im Ruhezustand lassen sich in einem alten Schulgebäude von Lehen bestaunen (Motorrad-Museum Ibbenbüren, Markweg 26, motorradmuseum-ibbenbueren.de).

# 70 Die Zeche Anthrazit

*Nicht nur das Bergbaumuseum wird bleiben*

Den 18. Dezember 2015 werden die Bürger von Marl so schnell nicht vergessen. An jenem Tag, an dem die Kumpel auf der Zeche Auguste Victoria symbolisch die letzte Lore nach oben geholt hatten, war nach 116 Jahren die Ära der Steinkohleförderung in der Ruhrgebietsstadt zu Ende gegangen.

Seitdem gibt es in Deutschland nur noch zwei Orte, an denen Steinkohle aus dem Erdinneren ans Tageslicht geholt wird. Einer dieser Orte ist die Zeche Prosper-Haniel in Bottrop, der andere das Bergwerk Ibbenbüren der RAG Anthrazit Ibbenbüren GmbH, die Zeche Anthrazit. Sie liegt auf der Ibbenbürener Bergplatte, einige Meter oberhalb der Stadt und gut vier Kilometer nördlich vom Teutoburger Wald, direkt neben dem weithin sichtbaren Kohlekraftwerk. Aber auch diese beiden Bergwerke werden geschlossen, ihre letzten Schichten wurden für den 31. Dezember 2018 terminiert.

Im Angesicht des bevorstehenden Endes beschleicht viele Besucher der Ibbenbürener Zechenlandschaft ein seltsames Gefühl. Vor dem Verwaltungsgebäude der RAG Anthrazit an der Osnabrücker Straße schaut die in Sandstein gemeißelte heilige Barbara, die Schutzpatronin der Bergleute, den Besuchern beinahe wehmütig entgegen. Die entlang der Straße sichtbaren Fördertürme sind schon jetzt ein Symbol für mehrere Jahrhunderte Bergbau. Aus bis zu 1.550 Meter Tiefe wird in Ibbenbüren die Steinkohle aus dem Boden geholt. 2014 waren es 1,95 Millionen Tonnen, eine seit Jahrzehnten konstante Menge. Seit 2015 wird die Fördermenge gedrosselt, 2018 sollen aus Flöz 78 die letzten 700.000 Tonnen gefördert werden.

Nach Einstellung der Steinkohleförderung werden in Ibbenbüren eine rußgefärbte Palette an Erinnerungen und das Bergbaumuseum in der Turbinenhalle des ehemaligen 100-MW-Kraftwerks des Werksgeländes verbleiben. Dort kann man auf 2.000 Quadratmetern Zeugnisse bergbaulicher Aktivität vornehmlich aus dem 18. bis 20. Jahrhundert bestaunen.

**Adresse** Osnabrücker Straße 112, 49477 Ibbenbüren-Schafberg | **Anfahrt** aus Richtung Osnabrück auf A 30 bis Ausfahrt Laggenbeck Richtung Laggenbeck/Mettingen, rechts auf Ledder Straße, im Kreisverkehr 2. Ausfahrt (Fugger Straße), weiter auf Steinbrinkheide, links auf Alstedder Straße, weiter auf Laggenbecker Straße, rechts auf Alpenstraße, links auf Osnabrücker Straße. Der Besucherparkplatz liegt linker Hand, das Museum ist über Tor 2 zu erreichen. | **Öffnungszeiten** Bergbaumuseum: Mai–Sept. jeden 2. und 4. Sa im Monat 14–16.30 Uhr | **Tipp** Wer sich nach dem Spaziergang in kohlehaltiger Luft unsauber fühlt, kann sich seiner Kohlepartikel im Aaseebad entledigen (An der Umfluth 99).

# 71 Die Johannissteine

*Der geheimnisvolle Felsenkalender*

Verborgen am Saume eines kleinen Waldes am Lager Stadtrand liegt ein mystischer Ort, um den sich so manche Geschichte rankt: die Johannissteine. Die drei imposanten Granitfindlinge stammen aus der Saale-Eiszeit, also aus einer Zeit vor etwa 200.000 Jahren. Zwei der drei mächtigen Steine fallen sofort ins Auge, der dritte liegt ein wenig abseits. Der erste und größte hat ein stolzes Gewicht von 200 Tonnen, ist 6,2 Meter lang und 5,5 Meter breit. Er soll zu den zehn größten Findlingen Deutschlands gehören.

Über die Herkunft der tonnenschweren Steine wurde lange spekuliert. Man nimmt an, dass die Steine nicht durch eiszeitliche Kräfte, sondern von Menschenhand an die heutige Stelle transportiert wurden, um eine Kalenderanlage zu errichten. Dieser frühgeschichtliche Felsenkalender wurde vermutlich dazu genutzt, um die Zeiten für die Aussaat zu bestimmen. Von besonderer Bedeutung für die Funktion des Kalenders sind zwei Fünfkantlöcher, die im ersten Stein zu entdecken sind; sie wurden möglicherweise im Zeitraum 500 bis 100 vor Christus gebohrt. 1976 entdeckte der Lagenser Erich Neumann, dass mit Hilfe der beiden Fünfkantlöcher die Sonnenaufgänge bei den Winter- und Sommersonnenwenden bestimmt werden können. Der Naturwissenschaftler und Heimatforscher Wolfgang Lippek erkannte, dass fünf Punkte der Steine in einer Geraden hintereinanderliegen: die Nord-West-Ecke des ersten Steins, die zwei gebohrten Fünfkantlöcher und der Scheitelpunkt der beiden anderen Steine. Bei klarem Wetter ist in Verlängerung dieser Geraden die Sonne zu sehen.

Nach Besichtigung der astronomischen Frühzeitanlage zieht es viele Besucher zu den Externsteinen, an denen man ähnlich Wundersames bestaunen kann. Andere begnügen sich mit der am Waldsaum aufgestellten Aussichtsbank, auf der man seinen Blick über die angrenzenden Felder bis hin zum Hermannsdenkmal schweifen lassen kann.

**Adresse** 32791 Lage, Zugang von der Straße An den Johannissteinen, Haltepunkt im Wald vor der Schranke | **Anfahrt** aus Richtung Detmold über Lagesche und Detmolder Straße (B 239), links auf An den Johannissteinen, ab der Schranke Fußweg: dem Forstweg strikt geradeaus bis zu den Steinen folgen | **Tipp** Ein faszinierender Ort ist das LWL-Industriemuseum in Lage (Ziegelei Lage, Sprikernheide 77, www.lwl.org).

# 72__Der literarische Wanderweg

*Mit den Augen träumen*

So manches Gedicht findet nicht das Herz, das seine Worte versteht. Auf dem literarischen Wanderweg indes gibt es Worte, die fast alle Menschen berühren. Sie sind ein Spiegel für das, was der Wanderer im Umkreis des Geschriebenen fühlen und erleben kann. Auf idyllischen Waldwegen entlang mannshoher Gräser, ehrwürdiger Baumveteranen, uralter Erdwallungen, Gräben und beschaulicher Gewässer wurden im Hörster Wald 20 Tafeln (Lesestationen) mit Gedichten und Gedanken aufgestellt. Sie alle haben einen Bezug zur Natur und zum Leben. Manche dieser Worte sind nachdenklich, andere traurig, wieder andere freudvoll oder romantisch. Zwei Lesestationen wurden als Verweilstationen mit Findlingen und Steinquadern eingerichtet. Urheber der Gedichte ist die lippische Autorengruppe LipPen, die die Gedichte verfasst und regelmäßig aktualisiert.

Ein besonders schöner Ausgangspunkt für den literarischen Naturwanderweg, den seine Autoren auch als aktiven Beitrag zum Umweltschutz verstehen, ist das Gasthaus Bienenschmidt, das in idyllischer Waldlage und mit kleinen und großen Leckereien seine Gäste empfängt. Folgt man oberhalb des Hauses dem Hermannsweg in Richtung Hermannsdenkmal, trifft man auf den Startpunkt des literarischen Weges (Tafel 1). Weiter geht es zunächst auf dem Hermannsweg, bis man nach zwei Kilometern hinter einem Abzweig einen malerischen Weiher erreicht. Die sich rund um den Weiher in den Tafeln spiegelnden Schatten des Wassers und Blattwerks sind auch ohne Worte Poesie. Wenige Meter hinter dem Weiher, am Haus des Gastes, endet der 2,5 Kilometer lange Weg. Hier kann man sich abholen lassen oder den Genussweg in entgegengesetzter Richtung begehen. Die Worte der Gedichte erhalten dann ein neues Gesicht.

Ein Flyer mit einer Übersicht zu den Lesestationen ist online, im Gasthaus Bienenschmidt und im Haus des Gastes erhältlich.

**Adresse** 32791 Lage-Hörste, Zugang zum Beispiel vom Gasthaus Bienenschmidt, Kalkreute 100 | **Anfahrt** aus Richtung Detmold auf Bielefelder Straße, bei Lage rechts auf L 945/Hellweg, links auf Hiddentruper Straße, weiter auf Stapelager Straße, in Stapelage Beschilderung zum Gasthaus folgen | **Öffnungszeiten** Gasthaus: Mo, Mi, Fr ab 14 Uhr, Do ab 9 Uhr, Sa, So ab 11 Uhr | **Tipp** In Stapelage lassen sich eine karolingische Steinkirche aus dem 8. Jahrhundert mit alten Grabsteinen und ein aus dem 12. Jahrhundert stammendes Burghaus entdecken.

# 73 Das Trollhaus

*Vorsicht im Reich der Waldgeister*

Trolle gelten allgemeinhin als unberechenbare, plumpe und eher böswillige Kreaturen. Die übernatürlichen Gesellen sind oft zwergenhaft klein und hegen einen eigenwilligen Sinn für Schönheit.

Einer überraschend sympathischen Variante aus dem Trollreich begegnet man vor den Toren von Hörste. Wer erstmals das einzeln mitten im Wald stehende Trollhaus entdeckt, den überkommt ein freudiges Gruseln. In den Fenstern des verwunschenen Hauses blicken dem Gast Trolle mit unterschiedlichen Formen, Farben und Größen entgegen. Im Geäst der Bäume, auf den Böden rund um das Haus und in den Sträuchern lassen sich ebenfalls deutliche Spuren der skurrilen Halbweltbewohner entdecken. Auch die auf manchen Baumstämmen zu findenden Gesichter lassen vermuten, dass diese Bäume eher nicht dem Pflanzenreich zuzurechnen sind.

Es ist die Familie Blachowski, die sich in diesem Waldstück seit Längerem liebevoll den Trollen zuwendet und das vor allem bei Kindern beliebte Ausflugsziel kreierte. In dem phantasievoll gestalteten Selbstversorgerhaus kann man nicht nur etwas über das geheimnisvolle Leben der Trolle erfahren, sondern auf Anfrage auch feiern und günstig übernachten.

Ein besonders schöner Weg zum Trollhaus, das von Fremden nicht direkt angefahren werden darf, startet am Eingang zum Wildkatzenpfad (siehe Seite 156) nahe dem Parkplatz oberhalb vom Haus des Gastes. Hält man sich, nachdem man den rechtsseitig gelegenen Waldweiher passiert hat, geradeaus, läuft man nach einem leichten Rechtsschwenk geradewegs auf das Haus zu.

Abschließend noch eine Warnung für allzu abenteuerlustige Trollfans: Der den Hang vor dem Trollhaus hinabführende Privatweg (Hinweisschild: Betreten auf eigene Gefahr!) markiert den Eingang zur Trollschlucht, in der erhöhte Vorsicht geboten ist. Im überbordenden Buschwerk der Schlucht knistert und knackt es deutlich vernehmbar und nahezu überall.

**Adresse** Teutoburger-Wald-Straße 54, 32791 Lage-Hörste, www.trollhaus-hoerste.de, Zugang zum Beispiel vom Haus des Gastes, Freibadstraße 3 | **Anfahrt** aus Richtung Detmold auf Bielefelder Straße, bei Lage rechts auf L 945/Hellweg, links auf Hiddentruper Straße, links auf Teutoburger-Wald-Straße. Der Straße bis zum Parkplatz oberhalb vom Haus des Gastes folgen. Menschen mit Behinderung können am Haus des Gastes parken. | **Tipp** Wer vor Trollen Angst hat, sollte sich mit einem Spaziergang im malerischen (und ungefährlichen) Hörster Kurpark begnügen.

# 74 Der Wildkatzenpfad

*Auf den Spuren der stählernen Räuber*

Einst war die Wildkatze in Europa weit verbreitet. Durch die Verstädterung und Abholzung der Wälder, durch zunehmenden Straßenverkehr und gnadenlose Bejagung wurde der kleine Jäger in den letzten 100 Jahren aus den meisten Regionen Deutschlands verdrängt. Der Teutoburger Wald ist eine der wenigen Regionen in Nordrhein-Westfalen, in der die Wildkatze noch vorkommt. Der extrem scheuen Kleinkatze begegnet der Wanderer jedoch auch hier nur sehr selten.

Eine Ausnahme von dieser Regel finden Wildkatzenfreunde in dem zu Lage gehörenden Örtchen Hörste, wo die Wildkatze 2008 zu einem außergewöhnlichen Kunstobjekt avancierte. In jenem Jahr kreierten regionale Künstler entlang einer 4,5 Kilometer langen Wegstrecke den Wildkatzenpfad. Unter Mitarbeit einer lippischen Künstlervereinigung wurden an 13 Waldstationen Kunstwerke erschaffen, bei denen sich die Künstler mit stählernen Katzensilhouetten und dem sie umgebenden Umfeld in der Landschaft auseinandersetzten und auf diese Weise einen Dialog zwischen Natur und Kunst initiierten. Die Stahlsilhouetten wurden den interessierten Künstlern vom Naturpark Teutoburger Wald / Eggegebirge zur Verfügung gestellt. Als Resultat ihrer Arbeit entstanden beeindruckende Objekte mit Namen wie »Mensch und Natur«, »Des Katers neue Kleider« oder der »Quelltrichter an der Pulderwelle«. In »Mensch und Natur« stellte beispielsweise eine Künstlerin »der attraktiven Farbigkeit von Plastikabfällen« eine unscheinbare Katze gegenüber, um so das Spannungsfeld von Umweltverschmutzung und Natur darzustellen.

Ein idealer Ausgangspunkt für die Reise zu den stählernen Katzen ist das kleine Steinrondell am Parkplatz oberhalb vom Haus des Gastes. Da die Wegführung durch das Gelände ein wenig verwirrend ist, empfiehlt sich ein Download der PDF-Datei zum Wegverlauf. Die Datei enthält auch nähere Informationen zu jeder Station und über die am Projekt beteiligten Künstler.

**Adresse** 32791 Lage-Hörste, Zugang zum Beispiel vom Haus des Gastes, Freibadstraße 3, Flyer »Wilde Katzen« unter www.lage.de | **Anfahrt** wie bei Ort 73 | **Tipp** Wer mit gehfreudigen Kindern unterwegs ist, dem sei der zwölf Kilometer lange Familienwanderweg rund um Hörste empfohlen. Der liebevoll gestaltete Weg verbindet an der Strecke liegende Spielstationen.

# 75 Der Jones-Garten

*Die bunte Gemeinschaft im ALVA-Skulpturenpark*

Besucher des lauschigen Idylls reiben sich vor allem im Sommer verwundert die Augen: Neben knorrigen Apfelbäumen, knotigen Disteln, Zaunwicken, Heckenrosenbüschen, und einem Potpourri aus anderen kunterbunt miteinander wachsenden Pflanzen lassen sich dann auch stattliche Bananenstauden und eine Unmenge an Schmetterlingen im Jones-Garten erblicken. In der Mitte des Gartens lädt ein idyllischer Teich mit sprudelndem Brunnenstein und mehreren Bänken zum Verweilen ein. Auch ein seitlich stehendes Türmchen – eine über eine Treppe zu besteigende aussichtsreiche Stahlskulptur – ist Teil des wilden und gleichzeitig urgemütlichen Gartens. Beschriftungen der Pflanzen oder die Beete begrenzende Strukturen, wie sie in ähnlich angelegten Kleingärten vorkommen, sucht man hier vergebens – sie wären nicht im Sinne ihres legendären Architekten.

Der von einer niedrigen Hecke umsäumte Jones-Garten (Lengerich garden project), der durch drei hoch gewölbte Tore betreten werden kann, entstand im Rahmen der Skulptur-Biennale Münsterland 2001 unter der Leitung des amerikanischen Künstlers Ronald Jones, der weltweit Skulpturen, Gärten und Parks erschafft. In Anlehnung an die Idee eines Paradiesgartens gestaltete Jones das kleine Terrain zusammen mit Patienten der nahe liegenden LWL-Klinik und Lengericher Bürgern als lebendiges Gemeinschaftswerk. Jones schaffte es, eine ganze Reihe unterschiedlicher Wünsche und Ideen der Bürger im Projekt zu berücksichtigen. Ziel war es, einen Ort zu schaffen, an dem die Menschen mit allen Sinnen ihre Umgebung wahrnehmen und ihrer Seele einen wohltuenden Raum geben können.

Im kontinuierlich wachsenden Großprojekt des Stadtmarketingvereins Offensive Lengerich war der Jones-Garten das erste Objekt im sehenswerten ALVA-Skulpturenpark. Sein Name – »Ars Longa, Vita Aeterna«, die Kunst währt lang, das Leben ewig – regt nicht nur Philosophen zum Nachdenken an.

**Adresse** 49525 Lengerich, Zugang zum Beispiel von der Martin-Luther-Straße | **Anfahrt** aus Richtung Osnabrück auf A 30 Richtung Amsterdam, weiter auf A 1 Richtung Dortmund, Ausfahrt Lengerich Richtung Lengerich, rechts auf Ibbenbürener Straße, der Straße nach links folgen, im Kreisverkehr erste Ausfahrt (Tecklenburger Straße), Straße folgen, links auf Martin-Luther-Straße, Straße bis zum Ende folgen (Parkplätze), zu Fuß dem Wegweiser zum Jones-Garten folgen. Nach 250 Metern liegt der Garten links hinter einer Hecke. | **Tipp** Im Generationenpark Gempt werden alle in Bewegung versetzt – ein Fitnesstreff, der auch für Oma und Opa geeignet ist (www.offensive-lengerich.de/de/projekte/generationenpark-gempt).

# 76 Der Lengericher Canyon

*Vom Steinbruch zur Naturschönheit*

Soeben noch erfüllten die Stimmen einer bunten Wandergruppenschar den Wald. Doch als die Wanderer die Aussichtsplattform hoch über dem Canyon betreten, verstummen nicht nur ihre Schritte. Ehrfurchtsvoll und ohne Worte schauen sie auf das tiefgrün schimmernde Wasser, das sich in der Tiefe zwischen zerklüfteten, karg bewachsenen Felsen seinen Platz gesucht hat. Am Himmel drehen die Bussarde ihre Kreise, und eine kleine Ziege stolpert zielsicher über das steile Gestein. Hier und da zollt eine Buche oder Esche der kletternden Geiß Respekt.

Die wilde Schönheit des Lengericher Canyons gehört sicherlich zu den größten Überraschungen im Teutoburger Wald. Sie ist nicht das Ergebnis tektonischer Kräfte, sondern menschlicher Handarbeit. An der Stelle der heutigen Senke befand sich einst ein Kalksteinbruch. Dokumente zeigen, dass bereits vor über 400 Jahren in Lengerich Kalkstein abgebaut wurde. Der Steinbruch an der Stelle des heutigen Canyons entstand 1902 und erlebte seine Hochzeit während des Baus der ehemaligen Eisenbahnstrecke durch den Teutoburger Wald. Endgültig eingestellt wurde der Steinbruchbetrieb im September 1977. Daraufhin bildete sich auf der untersten Steinbruchsohle durch aufsteigendes Grundwasser der bis heute sichtbare See.

Die erste Begrünungsaktion des Steinbruchs fand 1970 per Flugzeug, durch das Ausstreuen von Pflanzensamen über den Hängen, statt. 1989 wurde das Gebiet rund um den Canyon als Naturschutzgebiet ausgewiesen. Seitdem ist weder das Baden im Canyon noch das Betreten der Hänge erlaubt. Da diese Verbote allerdings kaum Beachtung finden, bevölkern seit 2014 diverse Ziegen die Hänge des Canyons – ihr Kot am vermeintlichen Badestrand soll eine abschreckende Wirkung entfalten. Abgesehen von Naturschutzignoranten haben inzwischen auch Enziane, Orchideen und seltene Vögel – darunter der Uhu – im Lengericher Canyon ein Zuhause gefunden.

Adresse 49525 Lengerich, Zugang zum Beispiel von der Martin-Luther-Straße | Anfahrt wie bei Ort 75, vom Parkplatz zu Fuß dem Wegweiser zum Canyon (700 Meter) folgen oder über den Jones-Garten (Wegweiser) zum Canyon (ebenfalls beschriftet) gehen (insgesamt 1 Kilometer) | Tipp Wählt man auf dem Rückweg den wenigen Meter hinter der Aussichtsplattform nach links bergan führenden Weg, erreicht man auf einem malerischen Weg durch das Exterheider Tal Gut Stapenhorst, einen alten und sehenswerten Biohof.

# 77 Der Zwischenfall

*Wunderlicher Brunnen auf geweihtem Grund*

Beim Bummel durch die Lengericher Fußgängerzone reibt sich am Rathausplatz so mancher die Augen. Grund der Verwunderung ist der Zwischenfall, ein sonderbarer Brunnen mit einer bronzenen, von Wasser umgebenen Skulpturengruppe.

Star des 1992 vom Osnabrücker Steinmetz und Bildhauer Hans Gerd Ruwe erschaffenen Brunnens mit dem kuriosen Namen ist ein verloren gegangener Hut, den sein Träger, ein Mann, um jeden Preis wiederbekommen möchte. Um in die Nähe des um sich selbst rotierenden Hutes zu kommen, vollführt der Mann eine waghalsige Tat, bei der er sich über die Horizontale hinaus in die Luft legt und seinen Gehstock als Angel ausfährt. Zum Stützen seines Gleichgewichts greift seine Frau mit ganzer Kraft in den Saum seines Gehrocks. Die Frau wird ihrerseits von ihrem Kind gehalten, in dessen Kleidung sich aufopferungsvoll der Familienhund verbeißt. Ob die vereinten Kräfte zur Wiederbeschaffung des Hutes genügen, ist der wunderlichen Skulpturenfamilie nicht anzusehen.

Der Zwischenfall, über dessen tieferen Sinn so manche Lengericher Volksseele lebhaft diskutiert, entstand an historisch bedeutender Stätte. Bei Erschließungsarbeiten wurde unter dem heutigen Brunnen ein jahrhundertealter, zehn Meter tief gemauerter Brunnenschacht wiedergefunden. Kaum jemand bezweifelt, dass es sich bei dem Fund um den Margaretenbrunnen handelt. Dieser Brunnen wurde von Pilgern während der Wallfahrtszeit in Lengerich zwischen 1320 und 1525 aufgesucht, da seinem Wasser eine heilende Wirkung zugesprochen wurde. (Noch heute ist Lengerich eine Station auf dem Jakobsweg.) Vor allem gegen Augenleiden und Hauterkrankungen soll das Wasser hilfreich gewesen sein. Neben dem Brunnen wurde damals auch ein wundertätiges Bild der Lengericher Schutzheiligen Margarete verehrt. Als viele Jahre später im Brunnen zwei Menschen ertranken, wurde er vorsorglich zugeschüttet – und 200 Jahre später wieder entdeckt.

Adresse Rathausplatz, 49525 Lengerich, Zugang zum Beispiel von der Bergstraße | Anfahrt wie bei Ort 75 bis Tecklenburger Straße, Straße folgen, weiter auf Schulstraße, rechts auf Bergstraße (Parkplätze) | Tipp Wenige Meter vom Brunnen entfernt steht der Römer. Das alte Torhaus fungierte bereits im 13. Jahrhundert als Tordurchgang zum Kirchhof.

# 78__Das Megalithgrab

*Bestattungskultur vor 5.000 Jahren*

Zwischen den westfälischen Städten Lengerich und Tecklenburg lassen sich in dörflicher Idylle zwischen Gärten und Feldern die Reste einer uralten, von Bäumen umsäumten Grabanlage aufspüren: das Megalithgrab. Das 1928 beim Sandabbau zufällig entdeckte Großsteingrab bildet eine 2,5 Meter breite und 35 Meter lange Grabreihe, die vermutlich einst noch länger war. Die ehemals mit Erde überschichteten Gräber wiesen zur Zeit der Grabungen intakte Kammerböden mit Steinpflastern auf. Die steinernen Böden wurden zerstört, als man die Fläche landwirtschaftlich zu nutzen begann.

Die noch erhaltenen Grabkammerrelikte stammen aus der Zeit um 3000 bis 2850 vor Christus und waren vermutlich ein kollektiver Bestattungsplatz in einer bäuerlichen Gemeinschaft. Sie wurden von Bauern zu einer Zeit errichtet, als diese erstmals flächendeckend im Münsterland ansässig waren. Neben Ackerbau und Viehzucht ergänzten damals der Fischfang, die Jagd und das Sammeln von Wildfrüchten das Nahrungsangebot der Bauern.

Bei den Ausgrabungen im Gelände wurden neben menschlichen Knochen mehr als 800 Keramikgefäße der Trichterbecherkultur, zahlreiche Flinte (norddeutsch für Feuersteine), Felsgesteinbeile, Werkzeuge aus Flint und Knochen sowie Schmuck aus Bernstein, Quarzen, Gagat (Pechkohle) und Kupfer gefunden. Dies wird als Zeichen dafür gewertet, dass an dieser Stelle über lange Zeiträume hinweg Angehörige einer oder mehrerer Großfamilien mit Grabbeigaben beigesetzt wurden. Der gefundene Schmuck lässt darauf schließen, dass jene Menschen an ein Leben nach dem Tode glaubten.

Das beeindruckende Megalithgrab in Wechte ist eine der ältesten und längsten steinzeitlichen Grabstätten Nordwestdeutschlands. Es gehört zudem zu den am weitesten südlich gelegenen Großsteingräbern Europas. Größere und längere Großsteingräber ähnlichen Alters kommen in Europa ansonsten vor allem in Skandinavien vor.

**Adresse** 49525 Lengerich-Wechte, Zugang zum Beispiel von der Straße An der Papiermühle | **Anfahrt** aus Richtung Osnabrück auf A 30 Richtung Amsterdam, A 1 Richtung Dortmund / Münster, Ausfahrt Lengerich, links auf Ibbenbürener Straße (Richtung Ibbenbüren), links auf Brochterbecker Straße bis zum Dorf Wechte, links auf An der Papiermühle. Die Grabstätte ist links hinter dem Haus. | **Tipp** Im Süden Lengerichs befindet sich der ehemalige Rittersitz Haus Vortlage. Er liegt auf einem von einem Wassergraben umgebenen Erdhügel, einer sogenannten Motte (Vortlager Damm, Besichtigung nur von außen).

# 79 Das Gut Eckendorf

*Malerische Gräften und Lippes dickster Baum*

Vor den Toren von Bielefeld gibt es einen Ort, auf den der Ortsfremde meist unvorbereitet trifft. Er rechnet nicht damit, an den ausufernden Flanken des Teutoburger Waldes inmitten von Feldern ein von Wassern und alten Bäumen umsäumtes, prächtig herausgeputztes ehemaliges Rittergut vorzufinden.

Gut Eckendorf wurde erstmalig 1036 unter dem Namen »Ykamannincthorp« urkundlich erwähnt. 1628 erhielt es den Status eines Ritterguts. Etwa 150 Jahre später entwickelte sich das Gut zu einem überregional bedeutsamen landwirtschaftlichen Betrieb. Der im Jahr 1849 aufgenommenen und bis heute bestehenden Pflanzenzüchtung kam eine besondere Wichtigkeit zu. Die bedeutendste Karriere legte dabei zweifellos die Zuckerrübe hin: Dank der ertragreichen Rübenzucht auf dem Gut schaffte sie es bis auf das Wappen der Gemeinde Leopoldshöhe.

Wer heute Gut Eckendorf besucht, erblickt zunächst die wunderschön anzuschauenden Wasserflächen der Gräften, die ein imposantes, aus zwei eingeschossigen Gebäudeflügeln bestehendes Herrenhaus umschließen. Ein Einblick in die Räumlichkeiten ist der Öffentlichkeit verwehrt. Am Eingangstor, den umliegenden Straßen und an einem vorgelagerten Teich lassen sich aber überraschende Blickwinkel auf das Herrenhaus erhaschen.

Zum einstigen Ritteranwesen gehört auch ein malerischer, 3,5 Hektar großer Landschaftspark mit einem imposanten Altbaumbestand mit etwa 50 Baumarten aus den Subtropen und gemäßigten Zonen. Ein herausragendes Exemplar dieser Bäume ist eine uralte Stieleiche. Der majestätische Baum widerstand 1911 einem Blitzeinschlag und gilt mit einem Stammumfang von bis zu zwölf Metern als Lippes dickster und vermutlich auch ältester Baum. Einen öffentlichen Baumzugang gibt es nicht. Wer aber bei der Familie von Dallwitz, den Besitzern des Guts, vorab um Erlaubnis bittet, darf in der Regel auch den Landschaftspark betreten.

**Adresse** Bielefelder Straße 222, 33818 Leopoldshöhe | **Anfahrt** aus Richtung Bielefeld auf B 61 Richtung A 2, geradeaus auf Eckendorfer Straße, weiter auf Ostring, links auf Salzufler Straße, geradeaus zur Bielefelder Straße. Parkbuchten entlang der Straße und Am Rottfeld | **Öffnungszeiten** Privatbesitz, Parkbesichtigung nur auf Anfrage per E-Mail an Wolf-Friedrich von Dallwitz, wolfdallwitz@eckendorf.de | **Tipp** 500 Meter vom Gut entfernt lässt sich im Runkelkrug in Wohnzimmeratmosphäre oder im Biergarten speisen (Salzufler Straße 177, 33719 Bielefeld).

# 80__Das Heckentheater

*Ein spiritueller Gartenspaziergang*

Zu Füßen des Teutoburger Waldes gedeiht zwischen Lengerich und Münster inmitten wassergefüllter Senken (Vennen) ein wachsendes Konsortium ungewöhnlicher Theaterräume. Es sind Gärten von außergewöhnlicher Architektur, in denen Kultur und Natur durch spirituelle, philosophische und politische Elemente miteinander verwoben sind. Neuerdings gehört auch ein Bühnenhaus zum Ensemble. Es bildet den geografischen Mittelpunkt des mit Symbolen und den Lebensphilosophien ihrer Besitzer reich und liebevoll bespickten Heckentheaters.

Hauptspielort des Theaters ist ein rundliches, von einer Eibenhecke umsäumtes Terrain. Es besteht aus mehreren Ebenen, die als Spielfläche oder Zuschauerraum genutzt werden. In diesem »weiblichen« Theater kann man von Frühling bis Herbst Dramen, Komödien, Konzerte und Ausstellungen erleben. Auf der gegenüberliegenden Seite des Bühnenhauses liegt das »männliche« Theater: ein großflächiger, eckig zugeschnittener, an seinem hinteren Ende mit Weiden umfasster Garten. Aber das Theater ist auch in allen anderen bepflanzten Räumen daheim.

Wer in den Gärten umherstreift, trifft auf viele wundersame Dinge. So gibt es optische Täuschungen an einem steinernen Esstisch, Frauenzimmer (mit Kirschbaum) und Herrenzimmer (mit Walnussbaum), eine Halbwelt mit mafiosen Gestalten (Skulpturen) sowie »weibliche« und »männliche« Natursteine. Der für viele Besucher schönste Garten ist der Arzneimittelgarten, in dem ein Beet in Form eines Medizinmanns lebt. Die einzelnen Organe des Mannes sind ebenfalls Beete, in denen Pflanzen zum Wohle der entsprechenden Organe gedeihen. So wachsen aus dem Kopf Passionsblume und Ginkgo und aus der Leber die Mariendistel (gegen Pilzvergiftungen).

In den Pausen sind die Zuschauer des Heckentheaters eingeladen, die Besonderheiten der Gärten zu entdecken und miteinander über das Gesehene und Erlebte zu kommunizieren. Und es gibt stets eine Menge zu erzählen.

**Adresse** Jagdweg 6, 49536 Lienen-Kattenvenne, www.heckentheater.de | **Anfahrt** aus Richtung Münster auf A 1, Ausfahrt Ladbergen, B 475 Richtung Ladbergen, im Kreisverkehr dritte Ausfahrt (Glandorfer Damm), rechts auf Schweger Straße, rechts auf Jagdweg, der Straße folgen | **Öffnungszeiten** während der Veranstaltungen und mit Führung nach Anmeldung unter Tel. 05484/961596 | **Tipp** Möchte man in ruhiger Atmosphäre mit Einheimischen speisen, empfiehlt sich das Restaurant Altes Farmhaus im Zentrum von Lienen. Wenige Meter daneben liegen der liebenswert gestaltete Barfußpark (www.barfusspark-lienen.de) und der malerische, von der Liene durchflossene Dorfteich.

# 81 Der Beutling

*Die kleine Ausflugskuppe für Verliebte*

Schon die Anfahrt ist ein Genuss. Aus der schmucken Ortschaft Wellingholzhausen schraubt sich allmählich eine kleine Straße aus der Ebene empor. Bald darauf wird sie zu einer lauschigen Allee, die in Halbhanglage des Beutlings einer T-Kreuzung entgegenzieht. Hält man sich dort rechts, erreicht man wenige Meter weiter den Parkplatz am Restaurant Zum Beutling. Die Terrassen des idyllisch gelegenen Cafés sind mit Rosen und anderen kunterbunt blühenden Pflanzen geschmückt. Ihre leuchtenden Farben bilden einen bezaubernden Kontrast zu den matten Farben der Felder und zum rötlichen Kirchturmdach des Ortes. Der Blick reicht weit in das Osnabrücker Land bis hin zu den Höhenzügen des Wiehengebirges. Fächerformende Dunstschleier, die an warmen Sommertagen die Felder durchwandern, vervollkommnen das romantische Bild.

Zwischen Parkplatz und Restaurant beginnt ein malerischer Waldpfad, der in Kehren nach wenigen hundert Metern auf die Kuppe des Beutlings führt. Der bewaldete Sandstein- und Schiefertonberg ist ein Kuriosum im Teutoburger Wald: Da der Beutling eine nördliche Ausstülpung im Waldgebiet und das umgebende Land eine Ebene ist, kann man den allein stehenden Berg trotz seiner überschaubaren 220 Höhenmeter auch aus der Ferne sofort erkennen. Auf der Kuppe des mit Kiefern und Buchen übervollen Berges gibt es eine heimelige Lichtung mit einer warm gedämmten Schutzhütte, in der man stundenlang kuscheln kann (Bärenhöhle). Auch mehrere Ruhebänke und ein 30 Meter hoher Aussichtsturm stehen bereit. Er ist mittlerweile der fünfte und höchste an diesem Ort. Da die umliegenden Bäume eine maximale Höhe von 25 Metern aufweisen, hat man auf dem im Jahr 2000 fertiggestellten Gebäude aus Douglasienholz und Metall eine wunderschöne Rundumsicht. Verliebte mit Höhenangst können aber auch zu Füßen des Turms ihre Liebe und die Stille eines wunderschönen Ortes genießen.

**Adresse** 49326 Melle-Wellingholzhausen, Zugang zum Beispiel vom Café-Gasthaus Zum Beutling, Beutlingsallee 45 | **Anfahrt** aus Richtung Osnabrück auf A 30 bis Abfahrt Melle-Wellingholzhausen, nach Wellingholzhausen, im Ort Richtung Dissen / Bad Rothenfelde, hinter der Kirche (vor Fußgängerampel) links auf Beutlingsallee, der Allee bis zum Ende folgen | **Öffnungszeiten** Mai – Okt. Mi – Sa 13 – 20 Uhr, So 9.30 – 20 Uhr; Nov. – April Fr, Sa 13 – 20 Uhr, So 9.30 – 20 Uhr | **Tipp** Ein bezaubernder Ort für Verliebte ist auch das Gasthaus Zum Kühlen Grunde. Das Lokal liegt an der Grenze zu Nordrhein-Westfalen an einem malerischen kleinen See am Warmenau-Bach (Bielefelder Straße 70).

# 82__Der Blaue See

*Kein Blau, kein See – und dennoch wunderschön*

Zwischen Melle und Dissen existiert am Nordrand des Teutoburger Waldes verborgen im Dickicht ein stimmungsvolles Namensirrlicht: der Blaue See. Erstmalige Besucher des Ortes reiben sich oft verwundert die Augen, denn das besagte Gewässer ist nur an manchen Wintertagen ein bläulicher See. An den übrigen Tagen des Jahres gleicht der kleine See einem in einer Erdgrube liegenden, bräunlich schimmernden Teich, der in den Sommermonaten auch schon mal trocken liegen kann. Aber auch dann kommt diesem stillen Ort etwas ganz Besonderes zu. Die erdigen Hänge am Seerand und die knorrigen alten, das Wasser beschützenden Bäume, durch die kaum ein Sonnenlicht hindurchtritt, erschaffen eine geheimnisvolle Atmosphäre. Zwei auf dem Erdwall aufgestellte Bänke, der wellenförmige Waldboden und eine alte Holzschutzhütte tragen ebenfalls zur Stimmung bei.

Der Blaue See ist eigentlich ein Quelltopf, an dem mehrere Bäche zutage treten. Sie speisen zusammen mit einigen anderen in der Nähe entspringenden Bächen die Haase, deren Quelle ebenfalls nur wenige hundert Meter vom See entfernt liegt. Seine heutige Grubenform verdankt der Blaue See dem Bergbau, der in diesem Areal vor mehr als 100 Jahren betrieben wurde. Damals tauchte das aus dem Kalkstein austretende Wasser den See fast das ganze Jahr über in ein bläuliches Licht.

Um zum Blauen See zu gelangen, folgt man am besten dem mit A 7 beschilderten Waldweg, der am kleinen Wanderparkplatz an der Dissener Straße beginnt und nach etwa 1,5 Kilometern den See erreicht. Zurück kann man auch den beschilderten Weg über den Kronensee wählen. Um zum Parkplatz zu kommen, muss man dann die Straße noch ein kleines Stück in Richtung Dissen zurücklaufen. Ein wunderschöner Weg zum Blauen See erschließt sich auch von der Südseite des Teutoburger Waldes: Hat man von Dissen aus die Steinegge erobert (siehe Seite 84), folgt man dem von dort an beschilderten Weg.

**Adresse** 49326 Melle-Wellingholzhausen, Zugang zum Beispiel vom Restaurant Waldschänke, Dissener Straße 73, oder vom Wanderparkplatz Dissener Straße | **Anfahrt** aus Richtung Osnabrück auf A 30 bis Abfahrt Melle-Wellingholzhausen, nach Wellingholzhausen, im Ort weiter Richtung Dissen / Bad Rothenfelde, der Wanderparkplatz Dissener Straße (Parkbucht im Wald mit Wandertafel) liegt 200 Meter hinter dem Restaurant Waldschänke linker Hand | **Öffnungszeiten** Restaurant Waldschänke: Do–Sa ab 18 Uhr, So ab 12 Uhr | **Tipp** Genussvoll ist ein Spaziergang durch die Meller Altstadt. Auch das Automuseum Melle ist eine Reise wert (Pestelstraße 38, www.automuseum-melle.de).

# 83 Abschied im Weberpark

*Ein Moment der Innigkeit*

Schweigend lehnen ihre Köpfe aneinander. Ihre linke Hand ruht sanft auf seiner rechten Schulter, sein linker Arm berührt zärtlich ihren Rücken. Sie schauen sich nicht an, und dennoch ist ihre Verbundenheit unverkennbar. Die mit dem Namen »Abschied« betitelte Statue ist sicherlich eine der schönsten, denen man im Teutoburger Wald begegnen kann. Und auch der Weberpark, in dem die Plastik aufgestellt wurde, ist ein besonderes Kleinod.

Niemand weiß genau, welche Gedanken den Bildhauer Berthold Müller-Oerlinghausen dazu bewegten, im Jahr 1967 die naturalistische Bronzeskulptur zu erschaffen. Der vielseitig interessierte Bildhauer, 1893 als Sohn einer alteingesessenen Kaufmannsfamilie in Oerlinghausen geboren, war ein Enkel des berühmten Leinenhändlers Carl Weber. Dieser siedelte 1848 von Bielefeld nach Oerlinghausen über, wo er zum größten Feinleinenhersteller in Deutschland aufstieg und um 1870 herum auch den Weberpark anlegte. Der seit 1976 öffentlich zugängliche Park zeugt vom Wohlstand dieser Familie und ist zudem ein wichtiges Kulturdenkmal, das den Lebensstil des Großbürgertums um die Jahrhundertwende widerspiegelt. Mit seinen alten Bäumen bietet der ehrwürdige Park aber auch einen Rückzugsraum für gestresste Großstädter. In der Stille der schönen Anlage kann man rasch zu sich selbst finden oder einfach für eine zeitlose Weile träumen.

Der Parkeingang liegt wenige Meter neben der Detmolder Straße 4, einer Villa, die Carl Weber 1895 neben einem neubarocken Kontorgebäude errichten ließ. Um die Statue zu finden, hält man sich hinter dem Parkeingang, wo eine Plastik des Leinenhändlers steht, rechts. Wenige Meter weiter lässt sich auf der gegenüberliegenden Wiesenseite die »Harmonie«, eine ebenfalls von Müller-Oerlinghausen erschaffene Plastik, entdecken. Nach einem weiteren Rechtsschwenk trifft man im Schatten einer kleinen Birke auf den »Abschied«.

Adresse neben Detmolder Straße 4, 33813 Oerlinghausen | Anfahrt von Bielefeld (Kreuzstraße) auf B 66 Richtung Lage, rechts auf Hauptstraße und L 751 nach Oerlinghausen, danach zweimal links (Rathausstraße, Detmolder Straße) | Tipp Hinter dem Haus Alte Müllerburg (Detmolder Straße 24) lässt sich die ebenfalls von Müller-Oerlinghausen erschaffene Plastik »Orpheus' Klage« bestaunen.

# 84 Das Freilichtmuseum

*Zwischen Knüppelzäunen und Rentierjägern*

Es ist eine Krux mit diesen »historischen« Freilichtmuseen. Wer als Kind ein solches Museum besucht, kann von alledem, was dort erzählt wird und erlebbar ist, meist nur wenig mitnehmen. Den Duft frisch gebackenen Brotes und den unverwechselbaren Geruch alter Bauernstuben trägt man indes mitunter eine kleine Ewigkeit mit sich herum.

Wer das Archäologische Museum in Oerlinghausen besucht, hat eine große Chance, eine Menge Bleibendes mitzunehmen. Da ist zum einen der abwechslungsreiche Rund-Parcours, der den Besucher auf einer überschaubaren Fläche von anderthalb Hektar in sechs Zeitzonen (Baugruppen) führt. Hierzu gehören eine sächsische Hofanlage mit einem Rennfeuerofen und einem Garten, der ganz nach dem Geschmack von Karl dem Großen bepflanzt wurde, die Bronzezeit mit Totenhaus und Bronzeverarbeitungsplatz, die Alt- und Mittelsteinzeit mit dem Sommerzelt der Rentierjäger und die junge Jungsteinzeit, in der man auf eine besondere Holzstele trifft. Auch eine beeindruckende Siedlung der römischen Kaiserzeit mit Töpferei, Viehställen mit alten, rückgezüchteten Haustierrassen, Knüppelzäunen und Drogengarten laden zum Bestaunen ein. Das Arrangement dieser Orte und die Liebe zum dargestellten Detail sind im Museum überall zu spüren. Außergewöhnlich schön ist auch die idyllische Lage des Museums direkt am Hang des Teutoburger Waldes.

Besonders spannend ist das Museum für Kinder: Sie können in Begleitung Erwachsener an Schnupperführungen teilnehmen, wo sie das Nähen von Leder mit einer Knochennadel oder das Erzeugen von Feuer wie in der Steinzeit erlernen. Speerschleudern, Tonperlenherstellung, Haselnussrösten und Fladenbrotbacken bereichern ebenfalls das kinderfreundliche Programm. Kurse, in denen man unter fachkundiger Leitung Bögen nach archäologischem Vorbild bauen oder die Techniken des Reenactmentkampfes erlernen kann, gibt es ebenso.

**Adresse** Am Barkhauser Berge 2–6, 33813 Oerlinghausen, www.afm-oerlinghausen.de | **Anfahrt** aus Richtung Bielefeld auf B 66 Richtung Lage, rechts auf Detmolder Straße, rechts auf Oerlinghausener Straße, weiter auf Lämershagener Straße und Zeppelinstraße, dann den Beschilderungen folgen | **Öffnungszeiten** April–Sept. Mo–So 9–18 Uhr; Okt. Mo–Fr 10–16 Uhr, Sa, So 10–17 Uhr | **Tipp** Einen knappen Kilometer vom Museum entfernt steht die sehenswerte Villa Welschen (Am Lehmstich 15). Ein sehenswerter Ort im Oerlinghausener Stadtteil Währentrup ist der malerische Wasserpark am Iberg.

# 85 Die Hünenkapelle

*Unendliche Geschichten und eine Prise Magie*

Ein besonders mystischer Ort im Teutoburger Wald ist die Ruine der Hünenkapelle auf dem Tönsberg-Kamm. Viel ist an diesem Ort schon passiert, und so manch Ungewöhnliches ist überliefert. Einer Legende zufolge sollen an der Hünenkapelle verstorbene Seelen, die zu Lebzeiten anderen Menschen Unrecht zufügten, gefangen gehalten werden. Einer weiteren Sage nach soll bereits Karl der Große am Orte der Hünenkapelle aus ungeklärten Gründen ein und aus gegangen sein. Die Kapelle galt zudem als Kandidat für den Aufenthaltsort der legendären Irminsul, dem Stammesheiligtum der Sachsen. Obwohl diese Theorie seit Langem widerlegt ist, ist sie ein Grund dafür, dass auch heute noch neuheidnische Gruppierungen den Tönsberg als Kultstätte betrachten und im Bereich der Kapelle christliche Symbole zerstört werden.

Eine Kapelle gab es auf dem Tönsberg bereits im Spätmittelalter. Die heutige Ruine stammt allerdings aus dem 19. Jahrhundert und gilt als romantischer Nachbau jenes Gotteshauses, das einst im Zentrum einer Wallburg aus dem 2. bis 3. Jahrhundert vor Christus errichtet worden war. Die ehemalige Kapelle war dem heiligen Antonius, dem Schutzpatron der Einsiedler, gewidmet. Viele Gläubige sollen hier Visionen erlebt haben. Man weiß heute, dass die Kapelle noch bis zur Reformation ein wichtiges Wallfahrtsziel war. Den Paderborner Annalen aus dem Jahr 1693 zufolge fanden mindestens bis zum Jahr 1548 Wallfahrten von Dortmund zur Hünenkapelle statt. Seit jenem Jahr wird auch das Originalkreuz der Kapelle in der Krypta des Paderborner Doms aufbewahrt. Im 16. Jahrhundert wurde das Mauerwerk der Kapelle teilweise abgetragen und die Steine zum Umbau eines Gutshofs verwendet.

Besonders aufregend ist ein Besuch der Hünenkapelle bei Nebel: Wenn sich die Schleier der Feuchtigkeit um das Kreuz der offenen Ruine legen und die aufragenden Mauerreste durchtrennen, durchfährt viele Besucher ein wohliger Schauer.

Adresse 33813 Oerlinghausen, Zugang zum Beispiel vom Restaurant Parlando (Berggasthof Tönsberg), Kammweg 7, www.berggasthaus-toensberg.de | Anfahrt von Bielefeld (Kreuzstraße) auf B 66 Richtung Lage, rechts nach Oerlinghausen (Hauptstraße, L 751), links auf Rathausstraße, rechts auf Jägerstraße, weiter auf Kammweg; vom Restaurant zu Fuß 2 Kilometer auf dem Hermannsweg in Richtung Südosten (ansteigender Weg), ein Abstecher linker Hand führt zur Kapelle | Tipp Das Haus an der Tönsbergstraße 3 ist eine alte Brauerei, in der ein tief in den Berg hineinreichender Lagerstollen und ein Brauereibrunnen besichtigt werden können.

# 86 Die Kumsttonne

*Als die Windmühle ihre Flügel verlor*

Der Besucher erkennt es auf den ersten Blick: Irgendetwas fehlt dem skurrilen Bauwerk mit dem nicht minder eigentümlichen Namen. So manch einen erinnert das Gebäude am nordwestlichen Hang des Tönsbergs an eine zerknautschte oder abgeschnittene Dose, andere denken eher an einen steinernen Baumstumpf, wieder andere an eine Windmühle ohne Flügel. Und genau das ist die Kumsttonne auch: ein bruchsteinerner Windmühlenstumpf.

Das Wort Kumst bezeichnet umgangssprachlich den Weißkohl, der einst in einem Steintopf, der Kumsttonne, zubereitet wurde. Dieser Topf hatte eine windmühlenähnliche Form.

Die Karriere der Windmühle ohne Flügel begann im Jahr 1753, als eine damals noch geflügelte Mühle am Hang des Tönsbergs errichtet und vom ersten Pächter in Betrieb genommen wurde. In den folgenden 62 Jahren erlebte die Mühle mindestens zehn weitere Pächter, bis sie 1813 in den Besitz des Gutes Niederbarkhausen überging. In den folgenden 30 Jahren wurde es ruhig um die Mühle, bis eines Nachts ein schwerer Sturm aufzog. Man sagt, dass es mehrere schwere Windstöße waren, die die Flügel der Mühle abbrechen ließen. Der Besitzer von Niederbarkhausen entschied, die Mühle nicht mehr instand zu setzen und den Betrieb einzustellen. Die steilen Zufahrtswege auf den Tönsberg sollen für diese Entscheidung verantwortlich gewesen sein. 1936 ging der Windmühlenstumpf in den Besitz der Stadt Oerlinghausen über.

Heute ist die Kumsttonne ein wichtiger Treffpunkt für die Oerlinghauser Bevölkerung. Spaziergänger der Bergstadt kommen hierher, um ihre Hunde auszuführen oder auf dem Kamm des Teutoburger Waldes zu flanieren. Wenige Meter von der Kumsttonne entfernt endet eine geradläufige Freitreppe (Himmelsleiter), die aus der Innenstadt auf den Tönsberg führt. Die steile, 244-stufige Treppe ist die einzige Himmelsleiter in Ostwestfalen-Lippe – aber nicht die einzige im Teutoburger Wald (siehe Seite 140).

**Adresse** Kammweg, 33813 Oerlinghausen, Zugang zum Beispiel vom Restaurant Parlando (Berggasthof Tönsberg), Kammweg 7, kleine Parkbuchten aber auch an der Kumsttonne. Alternativ: Fußweg aus der Innenstadt über die Himmelsleiter | **Anfahrt** wie bei Ort 85 | **Tipp** Liebhaber unvollständiger Mühlen sollten im benachbarten Bielefeld den Friedhof im Stadtteil Jöllenbeck aufsuchen. Dort wurde einem Windmühlenstumpf mit fehlender Spitze ein Kirchendach aufgesetzt – nun ist er eine Kapelle.

# 87 Die Waldweiden

*Aug in Aug mit dem Hochlandrind*

Es ist eher die Möglichkeit, dass es geschehen kann. Obwohl nur wenige Besucher auf den Wistinghauser Waldweiden den Tieren begegnen, kann es jedes Mal passieren. Kribbelndes Unbehagen ist verlockend.

Wer die Gatter der Waldweiden betritt, muss mit ihnen rechnen. Die meist unsichtbaren Gesellen hinterlassen nicht zu übersehende Kotspuren, die das tierfreundlich eingestellte Herz höher schlagen lassen. Am Eingang zum Großgehege stehen Verhaltenshinweise für den Ernstfall. Beim Erblicken einer Herde soll man diese ruhig umgehen und einen Mindestabstand von 25 Metern wahren. Kommt es zu einer Gefahrensituation, soll man nicht davonlaufen, sondern stehen bleiben, sich in voller Größe zeigen und mit Gegenständen Drohgebärden vollführen. So weit die Theorie.

Schottische Hochlandrinder sind eigentlich friedliche, robuste und gutmütige Tiere und gehören zu den ältesten Hausrindrassen. Die ursprünglich aus dem Nordwesten Schottlands und von den Hybriden stammenden Tiere werden bis zu 20 Jahre alt und sind für eine ganzjährige Beweidung bestens geeignet. Aggressiv reagieren sie nur dann, wenn sie sich bedroht fühlen.

Auf den Wistinghauser Waldweiden werden die Rinder seit 2011 eingesetzt, um in den aufgelichteten Wäldern ein starkes Gehölzaufkommen zu verhindern. Langfristig sollen die Nadelwälder in naturnahe Laubmischwälder umgewandelt werden. Durch ihr Fressverhalten, ihren Tritt und ihr Scheuern an Bäumen tragen die Tiere zur Erschaffung eines abwechslungsreichen Landschaftsbildes bei.

Die Wistinghauser Waldweiden gehören zu einem Naturschutzgroßprojekt, bei dem auf einer Fläche von 1.800 Hektar auf dem Gebiet der vier Städte Oerlinghausen, Detmold, Lage und Schloß Holte-Stukenbrock sowie der Gemeinde Augustdorf die Überreste der alten Naturlandschaft der Senne und des Teutoburger Waldes gesichert, entwickelt und behutsam erlebbar gemacht werden.

**Adresse** Wistinghauser Senne, 33813 Oerlinghausen, www.AFM-Oerlinghausen.de, Zugang zum Beispiel vom Stapelager Weg | **Anfahrt** aus Richtung Oerlinghausen (Tunnelstraße) Richtung Schloß Holte-Stukenbrock, links auf Hellweg, nach 2 Kilometern links auf Robert-Kronfeld-Straße, nach 1 Kilometer rechts auf Senne, dem Waldweg bis zur Kreuzung Stapelager Weg folgen, von dort zu Fuß: zwischen den Zäunen entlang, guter Einstieg ins Gelände rechter Hand am zweiten Gatter | **Tipp** 1,5 Kilometer vor der Parkbucht kommt man mit dem Auto am Segelflughafen vorbei. Dort kann man träumend den kleinen Flugmobilen hinterherschauen.

# 88__Die Tiger-Tempelanlage

*Bewegende Schatten im Osnabrücker Zoo*

Der größte Zoo Niedersachsens ist vor allem wegen seiner Erlebniswelten, die dank steigender Sponsorengelder seit dem Jahr 2000 errichtet wurden, beliebt. Zu diesen Welten, in denen die Tiere entsprechend ihrer Herkunft in geräumigen Gehegen leben, gehören unter anderem die nordische Tierlandschaft Kajanaland mit einem sechs Meter hohen Baumwipfelpfad, die afrikanische Landschaft Takamanda, das Tal der grauen Riesen und ein mit Laternen schummrig beleuchteter unterirdischer Zoo, der einem Wege durch die Welt des normalerweise Unsichtbaren weist.

Zum Herzen des Zoos gehört auch die asiatische Tierwelt Angkor Wat mit dem Affentempel und dem seit Kurzem zugänglichen Menschenaffenhaus. Sein Bau wurde durch die bewegende Spendeninitiative des Zoos »Wir für Buschi« – der Gorilla Buschi ist der Publikumsliebling des Zoos – ermöglicht. Seit April 2014 können Besucher von Angkor Wat auch eine Tiger-Tempelanlage erkunden. Das 1,1 Millionen Euro teure und knapp 1.300 Quadratmeter große Terrain, in dem ein Sumatra-Tigerpaar lebt, ist beeindruckend: Man blickt in einem Tunnel mit knapp 40 Panoramafenstern oder von einem 19 Meter langen Aussichtssteg in fünf Meter Höhe auf die Tiere, die an alt erscheinenden Tempelruinen entlangstreifen. An deren Wänden wurden durch Spritzbeton und Handarbeit aufwendige Steinstrukturen ausgebildet.

Im Zoo hofft man, mit dem Tigerpaar züchten zu können und so einen Beitrag zum Erhalt der stark bedrohten Tierart zu leisten. Ob dies allerdings gelingt, ist fraglich. Dauerhaft in Gefangenschaft lebende Tiger sind nur schwer auszuwildern, da sie viele natürliche Verhaltensweisen verlieren. Eine artgerechte Haltung der Tiere im Zoo ist kaum möglich: Die heute noch auf der Insel Sumatra freilebend verbliebenen 400 Sumatra-Tiger benötigen im Regenwald eine Reviergröße von jeweils 20 Quadratkilometern. Sumatra-Tiger sind die kleinsten der sechs noch existierenden Tigerarten.

Adresse Klaus-Strick-Weg 12, 49082 Osnabrück-Nahne, www.zoo-osnabrueck.de | Anfahrt aus Osnabrück auf B 68, links auf Im Nahner Feld, links auf Klaus-Strick-Weg; aus Richtung Bielefeld auf A 30 bis Ausfahrt Osnabrück-Nahne, dann den Beschilderungen folgen | Öffnungszeiten Ende März–Ende Oktober 8–18.30 Uhr (Kassenschluss 17.30 Uhr); Ende Oktober–Ende März 9–17 Uhr (Kassenschluss 16 Uhr) | Tipp Nur einen Katzensprung vom Zoo entfernt kann man im Planetarium einen unvergesslichen Einblick in die Weite des Universums genießen (Museum am Schölerberg, Planetarium, Klaus-Strick-Weg 10, www.planetarium-osnabrueck.de).

# 89__Die Fluchtburg Iktomia

*Kunst, Mythos und Genuss am Bahnhof Sutthausen*

Reisende, die erstmals den Bahnhof Sutthausen betreten, reiben sich verwundert die Augen. Entlang der Gleise schauen alte Schienen senkrecht aus der Erde, und am Stationsgebäude grüßt anstelle des Bahnhofsnamens das sonderliche Wort Iktomia. Am Bahnhofsvorplatz verbreiten auf Stäben angebrachte Gesichter Botschaften und Wünsche. Weiden, die den Löchern einer schräg aufgestellten Metallplatte entwachsen, nicken ihnen traurig zu. Etwas zurückgezogen steht ein künstlerisch dekoriertes Anwesen, das auch ein Restaurant beherbergt. »Wilde Triebe« lautet sein denkwürdiger Name. Das burgähnliche Gebäude ist durch den rückwärtigen Garten über eine Brücke zu erreichen, an der man noch einen weiteren Namen findet: Volker-Johannes Trieb.

Dieser Künstler, der in dem Anwesen sein Atelier und die Iktomia unterhält, schenkte dem Bahnhof Sutthausen sein heutiges Gesicht. Als in den 1990er Jahren der Bahnverkehr in Sutthausen eingestellt wurde, legte Trieb einen Skulpturenpfad auf Gleis und Bahnsteig an. Doch 2005 feierte der Nahverkehr sein Comeback – seitdem werden Reiselustige mit der Nordwestbahn zwischen Bielefeld und Osnabrück hin- und hertransferiert. Während der Erneuerung der Strecke sicherte sich Trieb einen Teil der Gleise und legte den heutigen Gleiswald an. Als eine Osnabrücker Unternehmerin das Stationsgebäude erwarb und umbauen ließ, gestaltete Trieb das Areal um und stattete es mit einem Mythos, der geistigen Fluchtburg Iktomia, aus. Iktomia ist für den Künstler Sehnsuchtsstätte, Traumraum, artonomes Reservat und magischer Kosmos zugleich. Die Inschrift »Kunst gewährt Zuflucht. Kunst fragt. Kunst fordert.« ist eine Einladung, die Räume des Künstlers zu betreten und an seiner Wahrheit zu partizipieren.

Einen Sinnesgenuss versprechen auch die »Wilden Triebe« des Anwesens: Die Kochkünste der beiden Jungstar-Köchinnen Sarah Irwin und Hanna Börger werden landauf, landab hoch gelobt.

**Adresse** Atelier Trieb und Restaurant Wilde Triebe, Am Sutthauser Bahnhof 5, 49082 Osnabrück-Sutthausen, www.atelier-trieb.de, www.wilde-triebe.de | **Anfahrt** aus Richtung Bielefeld auf A 30, Ausfahrt Osnabrück-Sutthausen, links auf Sutthauser Straße (Richtung Sutthausen / Hagen). Der Ort liegt wenige hundert Meter weiter links. | **Öffnungszeiten** Atelier: Mo, Fr 15–21.30 Uhr, Sa, So 12–21.30 Uhr; Restaurant: Mo, Fr 15–21.30 Uhr, Sa, So 12–21.30 Uhr | **Tipp** Weiter in Richtung Hagen liegt in Sichtweite zur Hauptstraße die neubarocke St.-Antonius-Kirche in Georgsmarienhütte-Holzhausen. Beeindruckend ist das von dem Künstler Hermann Gottfried erschaffene neue Wandbild hinter dem Altar.

# 90 Der Hohlesteinwald

*Sprechende Bäume, schweigende Wichtelweiblein*

Der 433 Meter hohe Hohlestein ist nicht nur die höchste Erhebung von Schlangen und eine der landschaftlich schönsten Verbindungen zwischen Teutoburger Wald und Eggegebirge, sondern auch ein mythenumrankter Ort. Wer flüsternden Bäumen beim Tanzen zuschauen, bemoosten Elefanten im friedvollen Schlaf begegnen oder schüchterne Wichtel und neckische Kobolde kennenlernen mag, sollte die magische Welt des Hohlesteins beschreiten. Ein mystischer Spaziergang in den sagenumwobenen Bergwald ist aber auch für Menschen, die ihrer eigenen Phantasie skeptisch gegenüberstehen, ein Genuss. Die seit Langem verstorbenen, von gewaltigen Schwämmen und anderen Pilzen bewohnten Holzveteranen, die knorrig miteinander verwobenen Bäume und das bemooste Felsgestein nahe der Bergkuppe sind für jedermann sichtbar. Eine vom übrigen Wald abgegrenzte Bauminsel mit Kopfbuchenallee und die legendäre Hohlesteinhöhle gehören ebenfalls zu den besonderen Orten im Hohlesteinwald.

Die für Menschen allgemeinhin nicht zugängliche Hohlesteinhöhle ist mit einer Länge von 360 Metern und einer Höhe von bis zu 50 Metern die größte Höhle im Kreis Lippe. Sie liegt in einem etwa 90 Millionen Jahre alten Kalkgestein und ist eines der bedeutendsten Fledermaus-Winterquartiere in Ostwestfalen. Da die Höhle nicht nur von seltenen Fledermäusen, sondern der Legende nach auch als Rückzugsraum von Wichtelweiblein und störungsanfälligen Wesen einer angrenzenden Koboldwerkstatt genutzt wird, sollte man sich mit einer flüchtigen Besichtigung des Höhleneingangs begnügen.

Ein besonders mystischer, etwa zwei Kilometer langer Weg auf den Hohlestein startet in Veldrom am Fuß des höchsten Eggeberges, dem Preußischen Velmerstot. Alternativ lässt sich der magische Hohlesteinwald aber auch von Kohlstädt aus entdecken. Folgt man am Ortsrand (In der Grund) der Markierung Weiße Raute, erreicht man den Hohlestein nach etwa 2,5 Kilometern.

**Adresse** 33189 Schlangen-Kohlstädt, Zugang zum Beispiel vom Heinrich-Schacht-Weg in Horn-Bad Meinberg-Veldrom | **Anfahrt** von Horn-Bad Meinberg auf Mittelstraße, Paderborner Straße und Altenbekener Straße Richtung Altenbeken, in Veldrom rechts auf Heinrich-Schacht-Weg, diesem zu Fuß bis zum südlichen Ende (Richtung Altenbeken) folgen, rechts auf das Asphaltsträßchen (Höhlenweg), dem Weg bergan in den Wald bis zur Bergkuppe folgen | **Tipp** Sehenswert in Schlangen-Kohlstädt ist vor allem die Starkenmühle.

# 91 Die Lerchenspornblüte

*Der Frühlingstage bunte Pracht*

Jedes Jahr im Frühling taucht die Lerchenspornblüte die bewaldeten Hänge des Langen Tals in ein magisches, bläulich schimmerndes Licht. Es ist jene Zeit zwischen Mitte März und Ende April, in der das Sonnenlicht schon relativ intensiv ist und den Waldboden ungestört erwärmen kann. Das vermag die Sonne so lange, bis sich die neuen Blätter der Buchen, die die Hänge des Langen Tals in großer Zahl bewohnen, zu voller Größe entwickeln. Dann ist die Blütezeit des Lerchensporns und der meisten anderen Frühblüher im Langen Tal vorbei. Wenn man die Lerchenspornblüte erleben möchte, sollte man also pünktlich sein.

Wer aber ist jene wundersame Pflanze an den Hängen des Langen Tals? Es ist der Hohle Lerchensporn, ein bis zu 40 Zentimeter hohes Gewächs, dessen Wurzeln an einer kugeligen Knolle ansetzen. Diese walnussgroße Knolle umgibt einen Hohlraum, der der Pflanze zu ihrem deutschen Namen verhalf. Die Bezeichnung Lerchensporn leitet sich von der Haubenlerche ab, da die Blütenform der Pflanze an die gespornten Zehen dieses Vogels erinnert. Etwa die Hälfte der Pflanzen blüht blau, purpurfarben oder violett, die andere Hälfte weiß. Die intensiv süß duftenden Blüten stehen in Ständen eng beieinander.

Möchte man die Schlänger Lerchenspornblüte auf kurzen Wegen genießen, startet man am besten an der Gaststätte Bauerkamp, die auf einer aussichtsreichen Bergkuppe liegt. Orientiert man sich hinter der Gaststätte an der Markierung A 1, erreicht man das Lange Tal in wenigen Minuten.

Das Gelände rund um die Gaststätte lädt aber auch außerhalb der Lerchenspornblüte zum Staunen und Entdecken ein. Im Langen Tal lassen sich in kleinen Steinbrüchen am Wegesrand mit etwas Glück Fossilien finden, und in den Abendstunden blickt man in die überraschten Augen der Rehe. Auf einem mit A 4 markierten, vier Kilometer langen Rundweg kann man auf malerischen Waldwegen die wildromantische Bielsteinschlucht erkunden.

**Adresse** 33189 Schlangen-Kohlstädt, Zugang zum Beispiel vom Café & Restaurant Bauerkamp, Bauerkamp 1 | **Anfahrt** aus Richtung Horn-Bad Meinberg auf Mittelstraße, Paderborner Straße und Altenbekener Straße Richtung Altenbeken, in Veldrom rechts nach Bauerkamp (Bauerkampstraße, K 98 Richtung Schlangen) | **Öffnungszeiten** Café: Di–So ab 10 Uhr | **Tipp** Am Ortseingang von Kohlstädt steht die beeindruckende Ruine einer Turmhügelburg aus dem Frühmittelalter. Freunde der Lerchenspornblüte sollten auch die berühmte Lerchenspornblüte bei Bad Iburg nicht verpassen (siehe Seite 21).

# 92__Die Fürstenallee

*Wo schon Karl der Große flanierte*

Als Karl dem Großen im Jahr 2030 der Fahrschein zu einem neuen Erdenbürgertum ausgestellt wurde, beschloss er, nach seiner Wiedergeburt rasch die heutige Fürstenallee aufzusuchen. Jenen illustren Weg an der Nahtstelle zwischen Teutoburger Wald und Eggegebirge hatte er einst sehr geschätzt.

Umso erstaunter war der kleine Karl, dass ihm entlang des Weges kaum Vertrautes geblieben war. Staunend blickte er auf eine viel befahrene Straße, an deren Rändern auf einer Länge von 2,5 Kilometern prächtige junge Eichen als vierreihige Allee gediehen. Allerdings entdeckte er auch etwa 50 Eichen, die so alt waren, dass er sich fragte, ob er ihnen schon begegnet war.

Der verwirrte Karl ersuchte die Touristinformation in Schlangen um Aufklärung und erfuhr, dass Lippes einzige vierreihige Allee zwischen 1725 und 1730 gepflanzt worden war. Damals hatte Graf Simon VI. zur Lippe im Jagdschloss Oesterholz Prominenz erwartet und daher nach einer repräsentativen Zufahrt zum Schloss begehrt. Die von ihm entdeckten Baumveteranen waren Zeitzeugen eines Sanierungsprojekts zur Rettung der Allee. Im Frühjahr 2009 hatte man begonnen, die Allee abschnittsweise zu sanieren. Bis 2018 hatte man alle maroden Bäume gefällt und durch junge ersetzt. Insgesamt waren 1.400 Eichen nach historischem Vorbild in einem 7,6 mal 7,6 Meter großen Pflanzabstand gepflanzt worden. 2015 hatte man an der Abzweigung zur Reitanlage ein Alleentor mit Infopavillon und Sitzmöbeln errichtet und die dort liegende Bushaltestelle zu Lippes schönster Bushaltestelle erwählt.

Offensichtlich war die Fürstenallee lange nach Karls letztem Erdendasein entstanden und zuletzt rundherum erneuert worden. Hatte man all dies getan, um ihm bei seiner Erdenrückkehr zu erfreuen? Als Karl die Touristinformation verließ, bahnten sich Tränen ihren Weg, und er beschloss, in diesem Leben keiner Seele ein Leid anzutun.

**Adresse** Fürstenallee, Bushaltestelle Höhe Stichstraße Im kleinen Bruch, 33189 Schlangen-Oesterholz-Haustenbeck | **Anfahrt** aus Richtung Detmold (Neustadt) in Richtung Schlangen (Paderborner Straße und L 937), die Fürstenallee schließt sich südlich an die Passhöhe Gauseköte an, am Hinweisschild Richtung Reitanlage/Kreisaltenheim Oesterholz-Haustenbeck rechts auf Im kleinen Bruch, Parkmöglichkeit | **Tipp** Zum Ausklang des Ausflugs lohnt eine gastronomische Stippvisite im Fürstlichen Forsthaus Kreuzkrug. Es ist eine der ältesten noch existierenden Krugwirtschaften in Ostwestfalen (Kreuzkrug 1).

# 93 Haustenbeck

*Die untergegangene Siedlung an der Lindenallee*

Wer von Schlangen-Oesterholz über die Haustenbecker Straße nach Augustdorf fährt, durchquert einen Truppenübungsplatz, auf dem die Straße durch die offene Sennelandschaft zum Rande einer Senke zieht. Bereits wenige Meter vor dem vom Haustenbach durchflossenen »Tal« erblickt man rechter Hand in einem kleinen Waldstück einen Turm. Es ist der 1941 errichtete, knapp 42 Meter hohe Haustenbecker Turm. Nach Überqueren des Haustenbachs passiert die Straße einen linker Hand aufgestellten Gedenkstein. »Zur Erinnerung: Haustenbeck 1659–1939« ist dort zu lesen. Hinter dem Stein und flatternden Absperrfähnchen steht die Ruine einer ehemaligen Kirche. Sie gehört zu den spärlichen Überresten von Haustenbeck.

Die Siedlung Haustenbeck wurde vom Grafen zu Lippe gegründet, um an den Grenzübergängen Zölle zu erheben. Mit der Einrichtung des Truppenübungsplatzes in der Senne begann 1892 die militärische Nutzung des Gebietes. Der Untergang des Dorfes ist der nationalsozialistischen Aufrüstungspolitik geschuldet, als deren Höhepunkt ein Erlass vom 18. Oktober 1937 gilt. An diesem Tag beschloss das Oberkommando des Heeres, das Truppenübungsgelände um 6.000 Hektar zu erweitern. Die Reichsumsiedlungsgesellschaft kaufte große Flächen des Geländes, viele Bauernstätten und schließlich das gesamte Dorf auf. Die Bauern wurden in neu angelegte Siedlungsstätten, beispielsweise in Blumenberg bei Magdeburg, umgesiedelt. Viele Arbeiter fanden in der neuen Siedlung Moorlage bei Horn im Kreis Lippe eine neue Heimat. Als die Gemeinde zum 1. Dezember 1939 aufgelöst wurde, lebten noch etwa 15 Familien im Dorf.

Hinter der Ruine in Richtung Augustdorf mausert sich die Straße zu einer malerischen Allee. Die 1906 und 1907 angelegte, allgemeinhin nur wenig bekannte Lindenallee mit ihrem hübschen Basaltsteinpflaster, das die Straße zwischen 1937 und 1939 erhielt, wurde vom BUND 2013 zur Allee des Jahres erkoren.

**Adresse** 33189 Schlangen-Oesterholz-Haustenbeck, 32832 Augustdorf | **Anfahrt** aus Richtung Detmold (Neustadt) in Richtung Schlangen auf Paderborner Straße bis Fürstenallee, rechts auf Haustenbecker Straße, durch Oesterholz, über den Truppenübungsplatz in Richtung Augustdorf. Achtung: Der Truppenübungsplatz ist nur an bestimmten Tagen befahrbar (Infos unter www.augustdorf.de/aug-buergerservice3cbr-3erat---verwaltung/sennesperrzeiten). | **Tipp** Lohnend ist ein Besuch des archäologischen Lehrpfads in Oesterholz, der über ein bronzezeitliches Hünengräberfeld führt (Parkplatz Heidestraße, Ecke Sandstraße).

# 94 Das Furlbachtal

*Märchenurwald und ein Bach auf weißem Samt*

Es gibt Orte, die sind nicht von dieser Welt. Oder man würde zumindest nicht denken, dass es sie in Nordrhein-Westfalen gibt. Einer dieser zauberhaften Orte ist das wildromantische Furlbachtal, das sich zwischen Schloß Holte-Stukenbrock und Augustdorf an den Südrand des Teutoburger Walds schmiegt. Entlang des 14 Kilometer langen, bei Delbrück in die Ems mündenden Furlbachs blieb an vielen Orten eine urwaldähnliche Landschaft erhalten.

Um die Schönheit der »Schluchten und Moore am oberen Furlbach«, so der offizielle Name des spektakulärsten Talabschnitts im Furlbachtal, auszukosten, startet man die märchenhafte Expedition am besten an der Alten Fockelmühle, die bereits am Furlbach liegt, und folgt, so lange man möchte, dem lokalen Rundweg A3 (acht Kilometer).

Der Einstieg ins obere Tal beginnt allerdings nicht direkt an der Mühle: Zur Steigerung der Vorfreude muss man zunächst noch ein kleines Waldstück, ein Feld, einen Hof und eine Landstraße passieren. Aber kurz darauf startet der heimelige Pfad, der durch einen gehölzreichen, moosigen Niedrigwald mit unzähligen Farnen führt. Wenige Meter rechts vom Weg plätschert in Gegenrichtung der flache, glasklare Furlbach gemächlich über den hellen, feinen Sand. Kurz danach überquert man eine Brücke, an der die Wandererfüße die erfrischende Kühle des auch als »witte Biäke« (weißer Bach) bekannten Bachs erproben können. Im Wasser lassen sich spielende Bachneunaugen und andere klare Gebirgsbäche liebende Fische beobachten.

Der dem Furlbach auf der rechten Seite folgende Weg zieht alsbald hoch oberhalb des Ufers auf gewundenen Pfaden durch den Wald. Am Wegesrand gedeihen unzählige Blaubeeren. Schließlich führt der Weg zu einem malerischen Moor hinab – die Schönheit dieses Ortes kann sprachlos machen. Bevor der Weg zum Ausgangspunkt zurückführt, steuert er noch die einst durch Torfabbau entstandenen Bentteiche an.

**Adresse** 33758 Schloß Holte-Stukenbrock, Zugang zum Beispiel von der Alten Fockelmühle, Am Furlbach 7 | **Anfahrt** aus Richtung Bielefeld auf A 33, Ausfahrt Stukenbrock-Senne, danach zweimal rechts (Paderborner Straße, Am Furlbach) | **Öffnungszeiten** Café-Restaurant Alte Fockelmühle: Mi–So ab 11.30 Uhr | **Tipp** Ein malerischer Ort in der Umgebung ist die auf einer kleinen Anhöhe gelegene St.-Johannes-Baptist-Kirche in Stukenbrock (Hauptstraße 3).

# 95 Die Insel in der Moosheide

*Der leise Kraftort an der Emsquelle*

Zu Füßen des Teutoburger Waldes finden sich an manchen Stellen beeindruckende Heidelandschaften. Eine besonders schöne, nahezu kreisförmig vom lichten Wald umgebene Heide gedeiht an der Grenze zwischen Schloß Holte-Stukenbrock und Hövelhof im Naturschutzgebiet Moosheide. Im Gegensatz zur viel besuchten und nur wenige Meter tiefer gelegenen Emsquelle ist die Heideinsel in der Moosheide ein Ort der Stille und vor allem im Spätsommer von unvergleichlicher Schönheit: Dann entfaltet die in dunklem Rot und Violett erblühende Heide einen ganz besonderen Zauber.

Die Moosheide ist mit 440 Hektar das größte Naturschutzgebiet der Senne. Sie war ursprünglich eine wellige, trockene Dünenlandschaft, die von lichten Wäldern bedeckt und feuchten Bachtälern durchzogen war. Heute weist das Gebiet nach jahrhundertelanger Nutzung durch den Menschen neben den Heiden viele andere Kleinlandschaften wie Dünen, Moore, wasserführende Kastentäler, Feuchtwiesen, Trockentäler und Sandtrockenrasenflächen auf. An Buchen, Eichen und Kiefern reiche Laub- und Mischwälder kommen ebenfalls vor. Das Naturschutzgebiet Moosheide ist gleichzeitig ein Rückzugsgebiet für viele Tiere und Pflanzen. Mehr als 500 Pflanzenarten, über 100 Vogelarten und unzählige Insekten, darunter seltene Libellen, haben in der Moosheide ein Zuhause gefunden.

Ein schöner Weg zur Heideinsel startet am Hövelhofer Informationszentrum. Folgt man hinter der Schranke dem Emsquellen-Wanderweg, gelangt man auf einem kleinen Sträßchen zum Wildbahnprojekt Senner Pferde und nach insgesamt 500 Metern und zweimaligem Rechtsschwenk auf schmaleren Wegen zu den Stegen über den gluckernden Quellen der Ems. Von dort sind es nur noch wenige Meter bergan bis zur offenen Heide. Zurück zum Parkplatz folgt man am besten dem Ems-Erlebnisweg (A5), der auf malerischen Pfaden durch die Wälder der Moosheide zieht.

**Adresse** 33758 Schloß Holte-Stukenbrock, Zugang zum Beispiel vom Informationszentrum Emsquellen/EmsRadweg, Emser Kirchweg 86, 33161 Hövelhof | **Anfahrt** aus Richtung Bielefeld auf A 33, Ausfahrt Stukenbrock-Senne, danach dreimal rechts (Paderborner Straße, Holzweg, Emsweg), der Emsweg wird zum Emser Kirchweg | **Öffnungszeiten** Infozentrum: April–Sept. Mo–So 9–20 Uhr; Okt.–März 10–17 Uhr; Hof-Café Maciejewski am Infozentrum: April–Okt. So, Feiertage 11–18 Uhr bei guter Witterung | **Tipp** Historikfans sollten die um 1730 erbaute Brinkkapelle an der Paderborner Straße besuchen. Altarbilder, Figuren und Bodenplatten stammen noch aus dieser Zeit.

# 96_Der Obelisk

*Mahnmal am Ehrenfriedhof für sowjetische Kriegstote*

Der 2. April 1945 war für die Überlebenden des Stammlagers Senne 326 (VI K) (STALAG 326), des größten Durchgangslagers für Kriegsgefangene der ehemaligen Sowjetunion im Nationalsozialismus, der Tag ihrer Rettung. An diesem Tag wurde das Lager am Ortsrand von Schloß Holte-Stukenbrock, das für Hunderttausende Menschen im Zweiten Weltkrieg ein leidvoller Zwischenstopp auf dem Weg zum Arbeitseinsatz im Ruhrgebiet gewesen war, kampflos an amerikanische Truppen übergeben. Wie in allen Stammlagern war auch im STALAG 326 die Sterblichkeit hoch. Die im Lager vor allem an Fleckfieber oder Hunger Versterbenden wurden in einem nahe liegenden Gräberfeld, dem heutigen Ehrenfriedhof für sowjetische Kriegstote, bestattet. Nach der Befreiung des STALAG 326 wurde das Gräberfeld zu einer würdevollen Friedhofsstätte umgestaltet. Bis zu 100 Personen täglich, darunter viele befreite sowjetische Kriegsgefangene des Lagers, beteiligten sich am Bau der Friedhofseinzäunung und der jeweils vor einer Massengräberreihe stehenden 36 Gedenksteine.

Ein hinsichtlich seiner Bedeutung und Entstehung einmaliges Merkmal des heutigen Friedhofs, auf dem bis zu 65.000 Menschen ihre letzte Ruhe fanden, ist das Ehrenmal mit dem etwa zehn Meter hohen Obelisken, das auch von den einstigen Überlebenden des Lagers erbaut wurde. Die Pläne lieferten ebenfalls drei ehemalige Kriegsgefangene des STALAG 326.

An den Seiten des Obelisken befinden sich jeweils eine Gedenktafel in russischer, englischer und deutscher Sprache sowie ein Gewehr mit Helm. Auf der Spitze der Pyramide wurde 1956 ein orthodoxes Kreuz befestigt; zuvor wehte dort die Flagge der einstigen Sowjetunion. Mitte der 1950er Jahre sollte der fast baufällige Obelisk durch ein anderes Denkmal ersetzt werden. Letztlich entschied man sich jedoch zur Restaurierung des Obelisken, der Anfang der 1980er Jahre unter Denkmalschutz gestellt wurde.

**Adresse** Senner Straße, 33758 Schloß Holte-Stukenbrock, weitere Infos zu STALAG 326 in der Dokumentationsstätte Stalag 326, Lippstädter Weg 26 | **Anfahrt** aus Richtung Bielefeld auf A 33, Ausfahrt Stukenbrock-Senne, danach dreimal rechts (Paderborner Straße, Am Furlbach, Senner Straße), der Senner Straße nach links folgen | **Tipp** Ein schöner, leiser und entspannender Ort ist die Sauna-Oase im Gartenhallenbad (Am Hallenbad 1).

# 97 Die tausendjährige Eiche

*Der Wappenwunderbaum gegen Alzheimer*

Die Bewohner von Schloß Holte-Stukenbrock lieben ihre Bäume. Die Eichen, von denen es in den Wäldern rund um die Stadt eine Menge gibt, haben es ihnen besonders angetan. Ein sichtbares Zeichen dieser Liebe ist auch das Stadtwappen, das eine mächtige Eiche ziert.

Eine Eiche haben die Bewohner der Stadt ganz besonders in ihr Herz geschlossen. Im Holter Wald, einem malerisch gelegenen Naturschutzgebiet der Stadt, gedeiht unweit einer alten Sägemühle und wenige Meter oberhalb des lauschigen Ölbachs die tausendjährige Eiche. Die mächtige Stieleiche mit einem tatsächlichen Alter von 400 bis 500 Jahren war bereits vor 1900 ein beliebter Treffpunkt und vor allem am 1. Mai ein geschätztes Ausflugsziel. 1937 wurde sie als Naturdenkmal ausgewiesen.

Die tausendjährige Eiche ist selbst im dicht belaubten Wald aus einiger Entfernung zu erkennen. Obschon mehrfach zurechtgestutzt, weist der prächtige Baum noch immer eine Höhe von 30 Metern und ein Kronendach von bis zu 22 Metern auf. Der mächtige Baumstamm hat in 1,3 Meter Höhe einen Umfang von 7,5 Metern. Durch Pilzbefall ist der Baum im unteren Stammdrittel allerdings weitgehend hohl. Durch die breiten Längsspalten des Stammes hindurch lässt sich das Bauminnere betrachten. Am Schutzgitter im Stamm haben liebevoll verzierte Liebesschlösser ihren Platz gefunden.

Trotz seiner Altersgebrechen hat der jedes Jahr austreibende Baum noch immer eine große Kraft, die einige Menschen vor allem dann fühlen, wenn sie den Baum umarmen. Glaubt man den Sagen, dann erhöht ein inniger Kontakt mit dem Baum die Lebensqualität im Alter ganz erheblich. So wird berichtet, dass nach Umarmen des ehrwürdigen Gewächses die Gedanken bis ins hohe Alter ihre Klarheit behalten. Neben dieser einfach zu praktizierenden Alzheimer-Prophylaxe soll auch das Streicheln des Baumes dazu führen, im Alter weise Entscheidungen zu treffen. Man kann es ja zumindest ausprobieren.

**Adresse** 33758 Schloß Holte-Stukenbrock, Zugang zum Beispiel von der Verler Landstraße | **Anfahrt** aus Richtung Bielefeld auf A 33, Ausfahrt Schloß Holte-Stukenbrock, links auf Oerlinghauser Straße, weiter auf Schlossstraße (im Kreisverkehr 2. Ausfahrt, später nach rechts), links auf Verler Landstraße. Parkbuchten am Anfang des weiter in den Wald führenden Schotterwegs; von dort 50 Meter zu Fuß über den markierten Weg (A 6, A 7, Raute) | **Tipp** Wenige Meter vom Parkplatz entfernt steht das tiefgelb getünchte Schloss Holte mit seinen malerischen Gräften. Kapelle und Innenhof des Jagdschlosses können im Rahmen einer Stadtführung besichtigt werden.

# 98_Das Historische Museum

*Die Geschichte des berühmten Wacholderbranntweins*

Es gibt viele Menschen, die auf seinen unvergleichlichen Geschmack schwören. Mindestens 38 Prozent Alkohol muss ein echter »Steinhäger« enthalten, und er muss in Steinhagen im Teutoburger Wald hergestellt worden sein. So schreibt es seit 1989 die EU-Gesetzgebung (beziehungsweise die der früheren EWG) vor.

Bei der Produktion des »Original Schlichte Steinhägers« werden Wacholderbeeren vergoren und destilliert (Wacholderlutter) und in einem getrennten Brennvorgang ein Kornfeindestillat erzeugt. Wacholderlutter und Kornfeindestillat werden nochmals gebrannt und mit Wasser auf Trinkstärke verdünnt und filtriert.

Branntweinliebende Gaumen und anderweitig an Alkohol Interessierte, die mehr über die Geschichte des Steinhägers erfahren möchten, sind im Historischen Museum von Steinhagen bestens aufgehoben. In jener Stadt entstanden in der zweiten Hälfte des 19. Jahrhunderts circa 20 Hausbrennereien, die Wacholderwasser und Wacholderöl herstellten. Von den zahlreichen Brennereien sind heute noch zwei »Steinhäger«-Produzenten übrig geblieben.

Das 1993 von einem ehrenamtlichen Trägerverein gegründete und 1996 eröffnete Museum befindet sich in den Räumlichkeiten der ehemaligen Brennerei Schlichte – vermutlich wirkt die im Museum gezeigte Geschichte des Wacholderbranntweins daher so lebendig. In der Abfüllhalle, dem Labor, der Zollaussicht und dem Söller der einstigen Brennerei kann man auf einer Ausstellungsfläche von mehr als 650 Quadratmetern eine sorgfältig zusammengetragene und mit Herzblut präsentierte Sammlung historischer Brenngeräte und Utensilien zur Herstellung und zum Vertrieb des berühmten Branntweins bewundern. Historische Fotos, Trachten, Urkunden, ein alter Schreibwarenladen, eine nicht minder alte Apotheke und andere mit der Siedlungsgeschichte von Steinhagen in Verbindung stehende Gegenstände sind ebenfalls zu bestaunen.

**Adresse** Kirchplatz 26, 33803 Steinhagen, www.historisches-museum-steinhagen.de | **Anfahrt** aus Richtung Bielefeld auf B 61, dann B 68 Richtung Halle, bei Steinhagen links auf Bielefelder Straße, weiter auf Woerdener Straße, bei Queller Straße rechts, geradeaus auf Fivizzanoplatz, Parkmöglichkeiten im Zentrum | **Öffnungszeiten** Do, Sa 15–17 Uhr; April–Okt. auch jeden 1. So im Monat 15–17 Uhr | **Tipp** Im Ortskern entstand entlang des Pulverbachs ein idyllischer Park mit Abenteuerspielplatz, auf dem man auch über den Bach balancieren kann.

# 99__Das Rock 'n Blues Rasthouse

*Leberblümchen meets Rock 'n' Roll – and special guests*

Auf den abgelegenen Anhöhen bei Steinhagen finden Liebhaber skurriler Orte ein Lokal, in dem es nur wenig gastronomisch Vertrautes gibt. Schon der Internetauftritt der »Gaststätte und Sommerfrische Friedrichshöhe«, so der bürgerliche Name des Etablissements, verspricht eine besondere Gastfreundschaft: »Biker und Kinder willkommen – Hunde und Pferde aber auch«.

Und so ist es dann auch. In dem Lokal fühlen sich offensichtlich alle wohl. Motorradausflügler, Wandergruppen, junge Familien mit und ohne Hund, liebesfrohe Pärchen, begegnungshungrige Singles, kartenspielende Rentner und sogar der etablierte Misanthrop, dessen Herz ein wenig Tauwetter sucht. Willkommen heißt sie ein Lokal, in dessen Biergarten Traktorreifen als Tisch und Autorückbänke als Sitz dienen, in dem das Eingangsschild falsch herum hängt und Rechtschreibfehler Freude bereiten – nicht nur auf der Speisekarte. Das über ein verruchtes, aber rauchfreies Billardparadies mit fünf Billardtischen verfügende Lokal besticht durch eine herzerwärmende Schmuddeligkeit, zu der auch die Liegestuhlromantik im Eingangsbereich (mit ausrangierter Parkuhr) und eine Toilette gehören, auf der man erfährt, worauf es bei ordnungsgemäßen WC-Gängen ankommt. Wenn DJ Lütti am ersten Samstag im Monat zur Rock-Oldie-Night lädt, wird die Partydeele zur Disco, in der nicht nur die Jungen das Tanzbein schwingen.

Aber auch im Umfeld der Friedrichshöhe gibt es Bemerkenswertes zu entdecken. So steht vor dem Haus eine 18 Meter hohe, etwa 400 Jahre alte Stieleiche, und im März und April schmücken ganz in der Nähe die leuchtend blauen Teppiche des Leberblümchens die Böden des Waldes. Der zierliche Frühblüher feiert am benachbarten Jakobsberg (Leberblümchenberg) die Nordwestgrenze seines europäischen Verbreitungsgebiets. Die Leberblümchenblüte von Amshausen ist inzwischen eine echte Touristenattraktion.

**Adresse** Kaistraße 48, 33803 Steinhagen-Amshausen | **Anfahrt** aus Richtung Bielefeld auf B 61, dann B 68 Richtung Halle, bei Steinhagen rechts auf Kaistraße | **Öffnungszeiten** Mo, Di, Mi ab 17 Uhr, Do, Fr ab 16 Uhr, Sa ab 14 Uhr, So ab 10 Uhr | **Tipp** Am Lokal führt der Wanderweg A 4 nach wenigen Metern zum Leberblümchenweg, an dem im Frühling Tausende Exemplare der hübschen Pflanze gedeihen. Die aussichtsreichen Wege rund um den Jakobsberg sind aber zu jeder Jahreszeit ein Erlebnis – und außerhalb der Leberblümchenblüte auch nicht überlaufen.

# 100__Das Kaffee Hexenbrink

*Das urige Bauerncafé in der Patthorst*

Vor allem Kinder schwören darauf, dass es sie wirklich gibt: die Hexen in der Patthorst. Die gutmütigen Wesen sollen auf überdimensionierten Reisigbesen umherfliegen und sich bisweilen mit ihren Fluggeräten zwischen den dicht beieinanderstehenden Fichten des Waldes verfangen. Der Kindermund berichtet von Begegnungen mit fluchenden, aber auch humorvollen Hexen.

Unstrittig ist, dass das knapp 300 Hektar große Waldgebiet in der Patthorst einen Nadelgehölzbestand von 75 Prozent aufweist und zu den größten zusammenhängenden Wäldern im Teutoburger Wald gehört. Wer hier alles lebt, weiß niemand so genau. Neben Hexen werden im Gebiet regelmäßig auch ein Schloss mit angeschlossenem Reitsportverein, Hobbyreiter und ihre Pferde, Wanderer, Walker und Wildschweine gesichtet.

1861 erschuf sich das Ehepaar Altenbäumer am Rand des heutigen Waldes ein Wohnreich, aus dem sich im Verlauf der Zeit ein uriges Bauerncafé, das Kaffee Hexenbrink, ausbildete. Hexen finden sich auf dem Gelände allerorten: So ziert eine Hexe den Brunnen des lauschigen Biergartens, und auch im Wetterhahn thront eine metallene Hexe. Im Lokal leben diverse Hexenpuppen, und selbst die Speisekarte – mit Hexenpunsch und Patthorster Waldgeist – beginnt mit den Worten einer Hexengeschichte. Sie wurde zur Einweihung des Lokals im August 2008 geschrieben.

Im der familiären Atmosphäre des Hexencafés kann man wohlschmeckende Kuchen, aber auch Herzhaftes genießen. Kleine Gäste können auf einem Spielplatz mit Trampolin, Baumhaus, Rutschen, Schaukeln, Sandkasten und Fußballwiese herumtollen. Auf Anfrage lässt sich eine hübsche Oldtimer-Ausstellung bestaunen, und im Winter fährt die Volvo-Snowcat auf dem Gelände umher. Auch ein Hofladen mit Blumen und Geschenkideen und eine Pferdeanbindestelle sind vorhanden. Echte Hexen sind ebenfalls willkommen – ihre Fluggeräte können sie in einem Besenständer zwischenlagern.

**Adresse** Patthorster Straße 93, 33803 Steinhagen-Brockhagen, www.hexenbrink.de | **Anfahrt** aus Richtung Bielefeld auf B 61, dann B 68 Richtung Halle, in Steinhagen links auf Bahnhofsstraße, nach 2 Kilometern rechts auf Patthorster Straße. Das Café befindet sich nach knapp 2 Kilometern auf der linken Seite. | **Öffnungszeiten** Fr, Sa 14–18 Uhr, So 10–18 Uhr | **Tipp** Im Patthorster Wald kann man stundenlang spazieren gehen und mit etwas Glück auch eine verunglückte Hexe aus dem Geäst befreien.

# 101 Die Freilichtbühne

*Deutschlands größtes Freilicht-Musiktheater*

Ein Rahmen ist oft mehr als eine stilvolle Einkleidung für das, was er umgibt. Außergewöhnliche Rahmen können ihre Inhalte intensivieren. Viele Besucher der Tecklenburger Freilichtbühne empfinden es so: Romantische Stücke werden als besonders romantisch, dramatisches Theater als besonders dramatisch wahrgenommen. Der Rahmen von Deutschlands größtem Freilicht-Musiktheater mit seinen 2.400 Sitzplätzen sind die erhabenen Mauern der Tecklenburger Burgruine und die prächtige Baumkulisse des Teutoburger Waldes. Dort, wo sich einst das Burgleben abspielte, werden seit 1924 Theaterstücke, Opern, Operetten, Musicals und Konzerte dargeboten.

Die erste Freilichtbühne Tecklenburgs mit ansteigendem Zuschauerraum und Spielbecken entstand 1934. In der Zeit des Nationalsozialismus wurde das vom Regime als Landesthingplatz verstandene Theater propagandistisch genutzt. Nach dem Zweiten Weltkrieg formierte sich die Bühne unter dem Namen Freilichtspiele der Stadt Tecklenburg. Nach Erfolg versprechendem Beginn war der Fortbestand der Bühne in den 1950er Jahren gefährdet. Als im Winter 1962/63 erstmals ein Märchenspiel (»Das tapfere Schneiderlein«) aufgeführt wurde, erwies sich dies als großer Erfolg. Seit 1972 gehören auch Märchen-Musicals zum Bühnenprogramm. Mit Radulf Beuleke als neuem Intendanten wurden zu Beginn der 1990er Jahre Bühne und Zuschauerraum neu konzipiert. Als künstlerischer Leiter in der Programmgestaltung setzte sich Beuleke für den Wechsel von Sprechtheater und Operette hin zu Musicalproduktionen ein.

Der Stolz der Stadt auf ihre Freilichtbühne ist auch an den Ortseingängen Tecklenburgs zu erkennen. 2014 erhielt Tecklenburg die offizielle Genehmigung, sich Festspielstadt zu nennen. 2015 wurden an den Ortseingängen mehr als 30 Schilder mit dem Zusatz Festspielstadt aufgestellt – eine willkommene Werbung für das malerische Städtchen im Teutoburger Wald.

Adresse Schloßstraße 7, 49545 Tecklenburg, www.buehne-tecklenburg.de, Zugang zum Beispiel vom Parkplatz Burgberg (Zufahrt von Am Weingarten) | Anfahrt aus Richtung Osnabrück auf A 30, Ausfahrt Lotte, rechts und auf Zum Habichtswald, Osnabrücker Straße, Pagenstraße nach Tecklenburg; links auf Lengericher Straße, rechts auf Bahnhofstraße, geradeaus auf Am Weingarten, der Parkplatz liegt rechter Hand | Öffnungszeiten während der Veranstaltungen | Tipp Am Theater lässt sich die Burgruine mit dem Wierturm bestaunen. Der 1884 errichtete Turm ist dem Arzt Dr. Jan Wier gewidmet, der sich vehement gegen die Hexenverfolgung einsetzte.

# 102 Die Hexenküche

*Die Fußabdrücke des Bösen*

Die Hexenküche oder auch Teufelsklippen sind eine sagenumwobene Felsengruppe, die sich am Steilhang eines Buchenwaldes auf dem Tecklenburger Stadtgebiet erhebt. Sie entstand vermutlich aus marinem Schicht- oder Sedimentgestein während der Kreidezeit. An der Spitze des imposanten Hauptfelsens, den man auf einem gesicherten Steg erklimmen kann, sind im Gestein eigentümliche Vertiefungen (Fußabdrücke) ausgebildet.

Steigt man links der Felsformation die Treppenstufen hinab, gelangt man zu einer Höhle, die den Felsen ihren Namen gab. Dort sollen der Legende nach Zauberer, Hexen, Teufel und Gespenster feiernd ihre Zaubertränke gebraut haben. Der Kamin, der zwischen den zwei das Dach der Höhle bildenden Felsen nach oben führt, soll beim Kochen als Dunstabzugshabe gedient haben. Das Zuschauen beim Feiern war verboten und wurde hart bestraft. Aber das wusste nicht jeder.

So geschah es, dass der Tecklenburger Graf einst um Mitternacht an den Teufelsklippen einen höllischen Lärm vernahm und einen verhängnisvollen Blick auf die feiernde Hexenmeute warf. Beim Anblick der kreischenden Wesen sank er wie betäubt zusammen. Als seine Diener am nächsten Morgen den tief schlafenden Mann an den Felsen fanden, hielten ihn alle, bis auf seine Frau, für tot. In der nächsten Nacht nahm die Gräfin ein Kruzifix zur Hand und ging um Mitternacht mutig und betend dem Felsen entgegen. Dort angekommen, ertönte ein gewaltiger Donner: Der Teufel trat hohnlachend aus einem berstenden Felsen empor und griff mit seinen Krallen nach der Frau. Sie wich jedoch nicht zurück, betete weiter und hielt dem Teufel das Kreuz vor seine Hass sprühenden Augen. Dieser stampfte mit seinem Pferdefuß zornig auf dem Felsen auf und stürzte sich in die Tiefe und den Tod. Als die Gräfin zu Hause ankam, war ihr Gemahl erwacht und der böse Zauber beendet. Seit jenen Tagen zieren die Fußabdrücke des Teufels das Gestein.

Adresse 49545 Tecklenburg, Zugang zum Beispiel vom Parkplatz Burgberg (Zufahrt von der Straße Am Weingarten) | Anfahrt wie bei Ort 101, überquert man die Straße Am Weingarten, liegt die Hexenküche direkt unterhalb der Straße | Tipp Sagenliebhaber sollten den 4,5 Kilometer langen Hexenpfad erwandern. Er führt nicht nur an der Hexenküche, sondern auch an einer altheidnischen Opferstätte (Heidentempel) und einer alten Grabkammer (Roelants Grab) vorbei.

# 103 Das Otto-Modersohn-Museum

*Als ein Worpsweder Maler den Osning entdeckte*

Im Oktober 2015 wurde in Tecklenburg ein außergewöhnliches, ohne öffentliche Mittel finanziertes Museum eröffnet, das sich den Frühwerken Otto Modersohns (1865–1943) widmet. Insgesamt 24 Ölgemälde und 30 Skizzen des Künstlers, der mit Fritz Mackensen (1866–1953) und Hans am Ende (1864–1918) zu den Worpsweder Malern gehört, lassen sich in einem denkmalgeschützten Haus im Zentrum des Bergstädtchens bestaunen.

Modersohn, der schon als Kunststudent gegen die Lehren seiner Professoren an der Düsseldorfer Akademie revoltierte, war einer jener Menschen, die den rasanten industriellen Fortschritt im 19. Jahrhundert mit der »Wiederverzauberung der Welt im Medium der Poesie« beantworteten. Diese im Flyer zum Otto-Modersohn-Museum niedergeschriebenen Worte spiegeln sich in fast allen Bildern wider, die der Maler von den Landschaften rund um Tecklenburg schuf. Viele dieser Werke üben durch ihre stille Kraft, Tiefe und Schönheit eine besondere Faszination aus. Egal, ob sich Modersohn dem Winter in Tecklenburg (1892), Tecklenburg im Frühling (1891) oder anderem widmete – er besaß die Begabung, das »Spektakuläre im Unspektakulären, und das Zauberhafte im Unscheinbaren« (Flyer) zu finden. Modersohn, für den die Kunst der Inbegriff aller Seligkeit (Tagebuch-Eintrag) war, definierte seine künstlerischen Ziele mit Worten wie Einfachheit und Innerlichkeit.

Der Stadt Tecklenburg fühlte sich Modersohn zeitlebens verbunden. Zwischen 1885 und 1892 besuchte er Tecklenburg regelmäßig, wobei auch verwandtschaftliche Beziehungen eine Rolle spielten. In Tecklenburg lebte seine Großtante Heidebrink, sein Bruder Wilhelm war von 1887 bis 1895 und von 1900 bis 1904 Amtsrichter in Tecklenburg. Bei seinen Besuchen wurde Modersohn mitunter auch von Mackensen und am Ende begleitet.

**Adresse** Markt 9, 49545 Tecklenburg, www.ommt.de, Zugang zum Beispiel vom Altstadt-Parkplatz (Zufahrt von der Pagenstraße) | **Anfahrt** wie bei Ort 101, jedoch nur bis zur Pagenstraße, der Parkplatz liegt rechter Hand, von dort zu Fuß die Stufen hinab, links und dann rechts auf die Landrat-Schultz-Straße, der Straße bis zum Markt folgen | **Öffnungszeiten** April–Sept. Di–So 11–18 Uhr; Okt.–März Fr 14.30–18 Uhr, Sa, So 11–18 Uhr | **Tipp** Reizvoll ist es, jene Perspektiven rund um Tecklenburg wiederzuentdecken, die einst Modersohn für seine Werke wählte. Informationen zur Position und Erreichbarkeit dieser Orte gibt das bestens informierte und sehr engagierte Museumspersonal.

# 104 Das Puppenmuseum

*Weit mehr als kostbares Spielzeug*

Für manche ist Tecklenburg die heimliche Stadt der Puppen. Man findet sie in Schaufenstern, Vorgärten, auf der Straße und in einem liebevoll dekorierten Museum. In der Fußgängerzone der Altstadt weisen auf das Pflaster gemalte Puppen den Weg zum Puppenmuseum.

Seit November 2003 kann man in Tecklenburg im Bent'schen Haus, einem schmucken, bereits 1684 errichteten Gebäude, eine der wertvollsten Puppensammlungen Deutschlands bestaunen. Die Sammlung, zu der neben Puppen aus aller Herren Länder auch Puppenstuben und Spielzeug rund um die Puppe gehören, besteht aus zwei privaten Puppensammlungen (Frau Botsch und Frau Narath). Die ältesten Puppen stammen aus der Zeit um 1875.

Wer die im Museum ausgestellten Puppen betrachtet, bemerkt rasch, dass Puppen in ihrer Geschichte weit mehr als ein kostbares Spielzeug waren. Neben Wohlstand anzeigenden Dekorationspuppen dienten Puppen je nach Kulturkreis als Amulett, Fetisch oder Fruchtbarkeitssymbol. In der zweiten Hälfte des 19. und der ersten Hälfte des 20. Jahrhunderts sollten Mädchen durch das Spielen mit Puppen auf ihr Leben als Erwachsene vorbereitet werden. Puppenstuben waren einst ein Spiegel für das Zusammenleben in einer Zeit. Im Tecklenburger Puppenmuseum erfährt man überdies eine Menge über die Leinenproduktion, die Tecklenburg in der Zeit von 1660 bis 1845 wirtschaftlich aufstreben ließ, und über das einstige bäuerliche Wohnen in der Region.

Bislang wird das Museum vorwiegend von Mädchen besucht. Jungen (und Mädchen) finden im Museum jedoch auch abseits von Puppen und Leinen spannende Ausstellungen vor. Es gibt eine Miniatursammlung von Automodellen, eine Lego-Landschaft und eine raumfüllende Modelleisenbahnanlage. Für sie wird seit einiger Zeit ein passioniertes Wesen gesucht, das den Zugverkehr wieder zum Leben erweckt. Interessierte Steuerfrauen und Steuermänner können sich bei der Museumsleitung melden.

**Adresse** Wellenberg 1, 49545 Tecklenburg, Zugang zum Beispiel vom Altstadt-Parkplatz (Zufahrt von der Pagenstraße) | **Anfahrt** wie bei Ort 101, jedoch nur bis zur Pagenstraße, der Parkplatz liegt rechter Hand, von dort zu Fuß: die Stufen hinab, links und dann rechts auf die Landrat-Schultz-Straße, links zum Museum bergab | **Öffnungszeiten** April–Okt. Di, Do, Sa, So 14–17 Uhr; Nov.–März Sa, So 14–17 Uhr | **Tipp** Im liebevoll sortierten und dekorierten Lädchen »Omis Eingemachtes« erhält man frische Lebensmittel von anno dazumal (Landrat-Schultz-Straße 6).

# 105 Die Wellentreppe

*Der steile Weg zur Waschmaschine*

Im malerischen Bergstädtchen Tecklenburg wurde einst in der Nähe des historischen Marktplatzes eine besondere Treppe, die Treppe am Wellenberg oder kurz Wellentreppe, angelegt. Wer die mächtige Marktlinde, ein 400 Jahre altes Naturdenkmal, links passiert, gelangt in den Grund, von wo aus die 47 Meter lange Wellentreppe in die Tiefe führt. Auf der von schönen Gärten und schmucken Häusern gesäumten Treppe kann man eine fast surreal anmutende Stille genießen. Die meisten Touristen zieht es zu anderen Punkten in der Stadt.

Bis zur Errichtung der städtischen Wasserversorgung im Jahr 1912 war die Wellentreppe eine der am meisten begangenen Strecken im Teutoburger Wald. Allerdings war der Weg früher keine gut ausgebaute Treppe; im Mittelalter verlief hier ein im Buschwerk verborgener Steig. Den Grund für die einstige Beliebtheit des Weges erkennt man, wenn man die Treppe bis zu ihrem Ende hinabgeht und dann rechts in die Bahnhofstraße schwenkt. 80 Meter weiter liegt am rechten Straßenrand die Wellenquelle, an die bis 1912 auch ein öffentliches Waschhaus angeschlossen war. Dort wuschen die Tecklenburger Frauen ihre Wäsche. In der Quelle wurde gebadet, bei Wasserknappheit diente sie auch als Trinkwasserreservoir. Der kürzeste Weg vom Ortskern zur Quelle führte damals wie heute über die Wellentreppe, die daher ständig gut besucht war. Man nimmt an, dass im Mittelalter die Menschen auf der Wallburg sogar einen großen Teil ihres Trinkwassers aus der Quelle bezogen. Hin- und Rückweg waren damals getrennt: Der Rückweg erfolgte vermutlich über einen als Serpentine verlaufenden Waldpfad.

Von den ursprünglichen Einrichtungen rund um Quelle und Treppe ist heute nur noch wenig zu erkennen. An das Waschhaus, das vor der Erweiterung der Bahnhofstraße abgerissen wurde, erinnert eine Gedenktafel. Die 1993 erbaute neue Einfassung der Wellenquelle ist noch immer zu bewundern.

**Adresse** 49545 Tecklenburg, Zugang vom Markt oder von der Bahnhofstraße. | **Anfahrt** wie bei Ort 101, jedoch nur bis zur Pagenstraße, der Parkplatz liegt rechter Hand, von dort zu Fuß die Stufen hinab, links und dann rechts auf die Landrat-Schultz-Straße, der Straße bis zum Markt folgen | **Tipp** Am Markt beginnt auch die Krummacherstraße, an der das Schiefe Haus (Nr. 3) mit seinem historisch blauen Anstrich und das Krummacherhaus (Nr. 2) zu bewundern sind. Im Krummacherhaus wurde der berühmte Theologieprofessor und Kirchenlieddichter Friedrich Krummacher geboren.

# 106 Der Fledermauspfad

*Mythenumrankte Orte zwischen leblosen Tieren*

Im alten Herrschaftsgebiet der einstigen Grafschaft Tecklenburg liegt zu Füßen des Teutoburger Waldes die malerische Ortschaft Brochterbeck. Wer dieses Idyll im Tecklenburger Land besucht, dem fallen neben der Schönheit und Stille des Ortes vor allem der heimelig in den Ortskern gebettete Mühlenteich und unzählige Apfelbäume ins Auge.

Eine verglichen mit dem Tecklenburger Hexenpfad (siehe Seite 213) wenig bekannte mystische Besonderheit der Ortschaft ist der Brochterbecker Sagenpfad. Der mit Fledermäusen markierte Weg, der deshalb auch den Namen Fledermauspfad trägt, führt zu mythenumrankten Plätzen in und um Brochterbeck. Startpunkt ist der im Jahr 2000 gepflanzte Sagenbaum unterhalb der katholischen Pfarrkirche St. Peter und Paul. An der metallenen Baumattrappe findet sich eine Kurzform und bildliche Darstellung der den Weg begleitenden Sagen.

Der Fledermauspfad durchquert zunächst den Bürgergarten und führt an einer versteckt liegenden Wallburg vorbei zum Königsstuhl. Auf dieser aussichtsreichen Felsenplatte sollen des Nachts im Nebel die Umrisse eines alten Königs zu sehen sein. Am Dreikaiserstuhl vorbei zieht der Weg ins mit Schluchten, Felsennasen, Wiesen und Feldern bespickte Bocketal. Danach passiert der Weg das nach einem preußischen Feldherrn benannte Naturdenkmal Blücherfelsen, die Waldkapelle Maria Wegweiserin und die mythenumwobene Fledermaushöhle. Dort sollen der Legende nach (neben Fledermäusen) hilfsbereite Erdmännlein gewohnt haben, über die man sich so manche Geschichte erzählt. Schließlich führt der Weg zu einer Schlucht, an deren Seite sich unter zwei aus dem Gestein geschlagenen Hohlräumen der Heidentempel, eine einstige Opferstätte, verbirgt.

Wem der spannende und abwechslungsreiche Weg zu anstrengend wird, sollte ihn lokalen Empfehlungen zufolge an der Waldkapelle abbrechen. Warum dies so ist, wird an dieser Stelle nicht verraten.

Adresse 49545 Tecklenburg-Brochterbeck, Zugang vom Brochterbecker Ortskern, zum Beispiel Am Mühlenteich | Anfahrt aus Richtung Osnabrück auf A 30, Ausfahrt Laggenbeck Richtung Laggenbeck/Mettingen, links auf Ledder Straße, der Straße geradeaus folgen, weiter auf Bocketaler Straße, K 24, im Kreisverkehr 2. Ausfahrt (Im Bocketal), Straße folgen, rechts auf Dorfstraße, Straße nach links zum Mühlenteich folgen | Tipp Nicht entgehen lassen sollte man sich einen Besuch der historischen Gaststätte Franz, die es seit etwa 140 Jahren gibt. Als die Gaststätte 2007 vor dem Aus stand, gründeten die Einwohner von Brochterbeck eine Genossenschaft und erwarben für mehr als 200.000 Euro Anteile, um ihre Dorfkneipe zu retten (Dorfstraße 22).

# 107 Der Arroder Bauernjunge

*Fehlende Wertschätzung auf dem Böckstiegel-Pfad*

Er trägt seine Bestimmung mit Gleichmut und Würde. Schon lange beobachtet der Arroder Bauernjunge an der Werther Schloßstraße die an ihm vorbeihastenden Fußgänger, die zu schnell fahrenden Autos, das wechselhafte Wetter und sich selbst. Dem grauen Gesellen wird hingegen nur selten ein Blick geschenkt. Den wenigen Menschen indes, die den treuen Straßenwärter interessiert betrachten, begegnet der junge Graue mit überraschender Mimik: Zunächst runzelt er verwundert die Stirn, dann huscht ein Lächeln über sein Gesicht. So steht es zumindest auf der Tafel neben dem Bauernjungen an Station 10 des Böckstiegel-Pfades geschrieben.

Peter August Böckstiegel, der die Plastik des Bauernjungen um 1930 erschuf, war als Maler, Bildhauer und Grafiker einer der bedeutendsten westfälischen Expressionisten. Jahr für Jahr pilgern viele Touristen in der Böckstiegel-Stadt Werther in das sehenswerte Böckstiegel-Haus im früheren Ortsteil Arrode, wo der Künstler am 7. April 1889 das Licht der Welt erblickte. Durch Farbgebung, Schnitzereien, Glasfenster und Mosaike gestaltete Böckstiegel das Haus selbst zu einem Kunstwerk.

Weitaus weniger bekannt als das Böckstiegel-Haus ist der Böckstiegel-Pfad, auf dem man an 15 beschilderten Stationen eine Menge über das Leben und Werk von Böckstiegel erfahren kann. Der Weg startet bei Heinings Hof, einem westfälischen Bauernhof in der Nähe von Böckstiegels Elternhaus, und verläuft unter anderem am Böckstiegel-Haus (Station 4) und an einer Ziegelei entlang, die dem Künstler einst den Ton für seine Plastiken lieferte (Station 6). Auch in der Nähe jener Menschen, die der Künstler modellierte, führt der Weg vorbei (Station 7). Zum Abschluss des abwechslungsreichen Pfades passiert der Weg eine alte Ritterburg (Station 11) – ihr ist in diesem Buch ein eigenes Kapitel (siehe Seite 224) gewidmet –, bevor er in der Nähe von Böckstiegels Volksschule (Station 14) an der letzten Ruhestätte des Künstlers (Station 15) endet.

Adresse Schloßstraße, Ecke Ravensberger Straße, 33824 Werther | Anfahrt aus Richtung Bielefeld (Stapenhorststraße) leicht links auf Wertherstraße, geradeaus auf Bielefelder Straße, in Werther rechts auf Ravensberger Straße, Parkplatz linker Hand | Tipp Eine bei Jung und (Mittel-)Alt beliebte Attraktion in Werther ist die Indoor-Kartbahn (Engerstraße 55, www.kartbahn-werther.de).

# 108 Das Haus Werther

*Die alte Ritterburg und der blaue Dunst*

Nur wenige hundert Meter vom Ortskern von Werther entfernt liegt malerisch im Grünen ein ehrwürdiger Rittersitz, den die Wertheraner respektvoll als Schloss bezeichnen. Das von einer Gräfte und einem Garten mit alten Baumbeständen umgebene Anwesen an der Schloßstraße, die ebenfalls nach dem »Schloss« benannt wurde, war allerdings nie ein Schloss.

Zu den frühen Besitzern des einstigen Ritterguts der Herren von Werther gehört die Familie von Cappel. 1385 verlieh der Graf von Ravensberg seinem Burgmann Henrich von Cappel das Haus Wengeringthorpe und wegen geleisteter treuer Dienste kurz darauf auch einen Lehnsbrief über das Oberbekenhus zu Werther. 1526 kam Hermann von Hatzfeldt durch eine Heirat in den Besitz des Gutes. Die Hatzfelder waren rund 300 Jahre Besitzer von Haus Werther und vielen, bis nach Bielefeld reichenden Ländereien.

Nach einigen Verkäufen diente das Haus ab 1887 über 100 Jahre als Zigarrenfabrikationsstätte und dem Vertrieb von Importzigarren. Seine Funktion als Haus des Tabaks begann mit dem Kauf des Hauses durch die jüdische Familie Weinberg, die das Haus 1938 aus politischen Gründen an eine Herforder Zigarrenfabrik zwangsverkaufte. Der Besitz wurde der Familie Weinberg 1951 zurückerstattet, bevor sie ihn schließlich 1954 endgültig an die Familie Herfurth verkaufte. Die Zigarrenproduktion wurde noch bis 1966, als eine Vertriebsgesellschaft eines niederländischen Zigarrenkonzerns (Willem II) im Haus Werther ansässig wurde, fortgesetzt. Als der Vertrieb 1990 eingestellt wurde, erwarb die Stadt Werther das Haus.

Heute ist der Gebäudekomplex, zu dem unter anderem ein Herrenhaus (hinter der Hauptbrücke rechts, Foto), ein nördliches (links hinter der Brücke) und ein östliches Wirtschaftsgebäude gehören, eine lebhafte Bürgerbegegnungsstätte. Neben der Stadtbibliothek sind in den Gebäuden auch Räume der Musikschule, das Stadtarchiv und das Trauzimmer untergebracht.

Adresse Schloßstraße 36, 33824 Werther | Anfahrt aus Richtung Bielefeld (Stapenhorststraße) leicht links auf Wertherstraße, weiter auf Bielefelder Straße, in Werther rechts auf Schwarzen Weg, links auf Grünstraße, rechts auf Walterstraße, links auf Friedrichstraße, links auf Schloßstraße, ein großer Parkplatz liegt rechts hinter dem Haus | Tipp Folgt man am Parkplatz der Siegfriedstraße, erblickt man nach wenigen Gehminuten die Eisenbahnbrücke (Talbrücke) jener Kleinbahn, die von 1901 bis 1956 zwischen Werther und Bielefeld verkehrte. Auf der Brücke kann man sich an einer schönen Aussicht auf Haus Werther erfreuen.

# 109_Das Kaufmannshaus

*Die Fährten der süßen Verführung*

»Es geschah im Städtchen Werther anno 1909. Dort schuf der Zuckerbäcker Gustav Nebel auf der Höhe seines Könnens sein bestes Bonbon. Er nahm frische Sahne, gute Butter, weißen Kristallzucker, goldgelben Kandis, eine Prise Salz und viel Zeit.«

Ehrfurchtsvoll legt der historisch interessierte Wertheraner im Lebensmittelmarkt am Alten Markt in Werther die Packung mit dem berühmten Karamellbonbon in den Einkaufswagen. Die weltbekannten Sätze auf der Verpackung der Schokoladen-Toffees von »Werther's Original« – eine der neueren Varianten der bei uns von 1969 bis 1997 als »Werther's Echte« bekannten Bonbons – erfüllen ihn auch bei diesem Einkauf mit Stolz. Und dieser Stolz gründet nicht nur auf der Stadt, in der einst das berühmte Bonbon erfunden wurde, sondern auch auf jenen Ort, an dem er täglich zwischen unzähligen Storck-Produkten sein liebstes erwählen kann.

Auf dem Gelände des heutigen Lebensmittelmarktes wurde 1903 von August Storck, genannt Oberwelland, die Werthersche Zuckerfabrik gegründet. Ziel des Unternehmens war es, in Handarbeit Zuckerwaren aller Art herzustellen. Einer der ersten Mitarbeiter der Zuckerfabrik war der in der Werbung zitierte Gustav Nebel. Welchen Anteil er wirklich an der Entwicklung »seines besten Bonbons« hatte, ist ein wohl gehütetes Firmengeheimnis.

Neben dem Lebensmittelmarkt steht das auch als Storck'sches-Haus oder Storck-Haus bekannte Kaufmannshaus. Das Gebäude, das um 1760 vom Kaufmann Johannes Bolenius errichtet wurde, war ab 1903 zunächst das Wohn- und Kontorhaus von August Storck und wurde ab 1921 von seinem Sohn Hugo Oberwelland bewohnt. Ab 1971 diente es als Bürohaus der August Storck KG. Seit 1985 stellt die Firma Storck die Räumlichkeiten der Volkshochschule Ravensberg zur Verfügung.

»Werther's Original« ist heute in über 80 Ländern erhältlich und Storcks weltweit erfolgreichste Marke.

**Adresse** Alte Bielefelder Straße 14, 33824 Werther | **Anfahrt** aus Richtung Bielefeld (Stapenhorststraße) leicht links auf Wertherstraße, weiter auf Bielefelder Straße, in Werther rechts auf Alte Bielefelder Straße (Parkmöglichkeiten). Das Haus steht am Ende der Straße linker Hand, schräg gegenüber der Kirche St. Jacobi. | **Tipp** Auf den Spuren süßer Verführungen wandelnde Menschen sollten in Werther auch das Café Bossert aufsuchen. In Gedenken an Böckstiegel, das berühmte Künstlerkind der Stadt, lässt sich dort diverses Böckstiegel-Naschwerk bestaunen – und vertilgen (Engerstraße 6, www.cafe-bossert.de).

# 110 Die Ravensberger Straße

*Der Kastanienbartling und andere Überraschungen*

Wer die Ravensberger Straße im Herzen von Werther mit offenen Augen durchstreift, kann viele außergewöhnliche Dinge entdecken. Zu den Besonderheiten der Straße gehören vor allem einige alte denkmalgeschützte Gebäude. Heimlicher Star der ehrwürdigen Häuser ist der Fachwerkbau mit der Nummer 29, ein 1650 errichtetes eingeschossiges Fachwerkhaus. Sein Deelentor schmückt ein gut erhaltener Traubandbogen mit Wappen. Zu den Besitzern des prächtigen Ackerbürgerhauses, das aber auch schon als Scheune herhalten musste, gehörte der Schuhmachermeister Friedrich Wilhelm Bartling, der das Haus 1875 erwarb und es als Wohnhaus und Werkstatt nutzte. Es ist dem Namen dieses Schuhmachers und der vor dem Haus stehenden Kastanie zu verdanken, dass das Gebäude bis heute als Kastanienbartling bekannt ist.

Zu den denkmalgeschützten Ackerbürgerhäusern auf der Ravensberger Straße zählen auch die Vierständer-Fachwerkbauten mit den Nummern 16 und 34. Das Anfang des 17. Jahrhunderts erbaute Haus Nummer 16 war einst einer der ältesten Bauernhöfe in Werther. Das im Torbogen des 1664 errichteten Hauses mit der Nummer 34 zu findende Wappen zeigt eine schräg durchkreuzte Wolfsrune, die für die niedere Gerichtsbarkeit des Vogtamtes steht.

Beeindruckend ist auch der zweigeschossige Fachwerkbau mit der Nummer 14, in dem im 18. Jahrhundert der Leinsamen- und Garnhandel in Werther florierte. In späteren Jahren gab es an diesem Ort eine Lohgerberei (ab 1816) und eine Lederfabrik (ab 1869). Letztere wurde erst 1980 abgerissen.

Ein Beispiel für die Bauweise »Kaiserlicher« Postämter um 1900 ist das Postgebäude mit der Nummer 22. Der 1907/08 auf einem Sockel errichtete zweigeschossige Ziegelbau besitzt in der Nordecke einen spitzhelmtragenden Turm, der zur Aufnahme und Bündelung von Telegrafendrähten diente. Der Postschalter wurde 1999 geschlossen.

**Adresse** Ravensberger Straße, 33824 Werther | **Anfahrt** aus Richtung Bielefeld (Stapenhorststraße) leicht links auf Wertherstraße, weiter auf Bielefelder Straße, in Werther rechts auf Ravensberger Straße, Parkplatz linker Hand | **Tipp** Ein beliebter Ort in Werther ist die graffitigeschmückte Skaterhalle. Hier können Skater aller Altersklassen für einen Euro skaten (Engerstraße 2, www.juz-werther.de).

# 111 Die Arminiusquelle

*Als das Wasser seine Fassung verlor*

Zwischen Werther im Norden und Steinhagen im Süden erhebt sich der Teutoburger Wald als ein lang gezogener Kamm, der mit dem Hengeberg (siehe Seite 114) und dem Gottesberg Höhen von über 300 Metern erreicht. Die von Westen über die Münstersche Bucht heranziehenden Wolken werden an den bewaldeten Hängen zum Aufstieg gezwungen, was hohe Niederschlagsmengen zur Folge hat. Nicht direkt abfließendes oder von Pflanzen aufgenommenes Wasser sickert am Nordrand des Bergzuges bis zu einer Tonschicht, die ein Vordringen des Wassers in tiefere Gesteinsschichten verhindert. Dies hat zur Folge, dass sich das Wasser an Schwächezonen Auswege sucht und in Form von Quellen wieder austritt. Die am Hengeberg in Richtung Süden fließenden Bäche entlassen ihr Wasser schließlich in die Ems, die nach Norden hin fließenden entwässern sich in die Weser. Der zwischen Werther und Steinhagen verlaufende Kamm stellt daher einen Teil der Weser-Ems-Wasserscheide dar.

Eine der Quellen am Fuß des Hengebergs ist die nach dem Helden des Teutoburger Waldes benannte, sehr sehenswerte Arminiusquelle. Folgt man am Waldrand oberhalb von Werther dem mit Raute 10 markierten Weg, der aus der Siedlung hinaus bergan führt, erreicht man in Begleitung wilder Lupinen und Fingerhut den Waldrand und einige Gehminuten später die 1928 errichtete Quellenfassung. Ihre Bauweise, ein großzügiges, steinernes Halbrund, ist einer Quellenverehrung zu verdanken. Schaufassungen wie an der Arminiusquelle waren bis zur Mitte des letzten Jahrhunderts bei uns üblich und wurden unter anderem auch an Fulda, Ruhr und Sieg errichtet.

Wer an der Quelle Wasser sucht, muss ein wenig den Hang hinabsteigen. Die Fassung der Arminiusquelle liegt heute trocken, da sich der Quellaustritt um sechs Meter hangabwärts verlagert hat. Anstelle von Wasser findet man an der Quellfassung eine Duftstele, an der man ausgewählte Walddüfte inhalieren kann.

**Adresse** 33824 Werther, Zugang zum Beispiel von den Parkplätzen Am Hang | **Anfahrt** aus Richtung Bielefeld (Stapenhorststraße) leicht links abbiegen auf Wertherstraße, weiter auf Bielefelder Straße, in Werther links auf Teutoburger-Wald-Weg, rechts auf Weststraße, Straße bis Am Hang folgen. Parkplätze befinden sich am Ende der Siedlung rechter Hand. | **Tipp** Die Quellfassung an der Arminiusquelle ist eine Station auf dem »Weg für Genießer – fünf Sinne erleben am Teutoburger Wald«. Der schön angelegte Rundwanderweg ist wahrlich ein Genuss für die Sinne und mindestens einen Tagesausflug wert.

1
Mittellandkanal
Schlickelde
Dickenberg
Mettingen
Westerkappeln
Wersen
A1
Hörstel
Püsselbüren
Atter
64
70
63
Ibbenbüren
Atterfeld
Lotte
Bevergern
66
Laggenbeck
A30
A30
Riesenbeck
65
69
A1
67
Ledde
55
68
106
Hasbergen
Tecklenburg
Dörenthe
101
102
103
Leeden
Brochterbeck
104
105
Natrup-Hagen
78
76
75
Gellenbeck
Dortmund-Ems-Kanal
77
45
Lengerich
Saerbeck
N
A1
0
2 km
Ladbergen

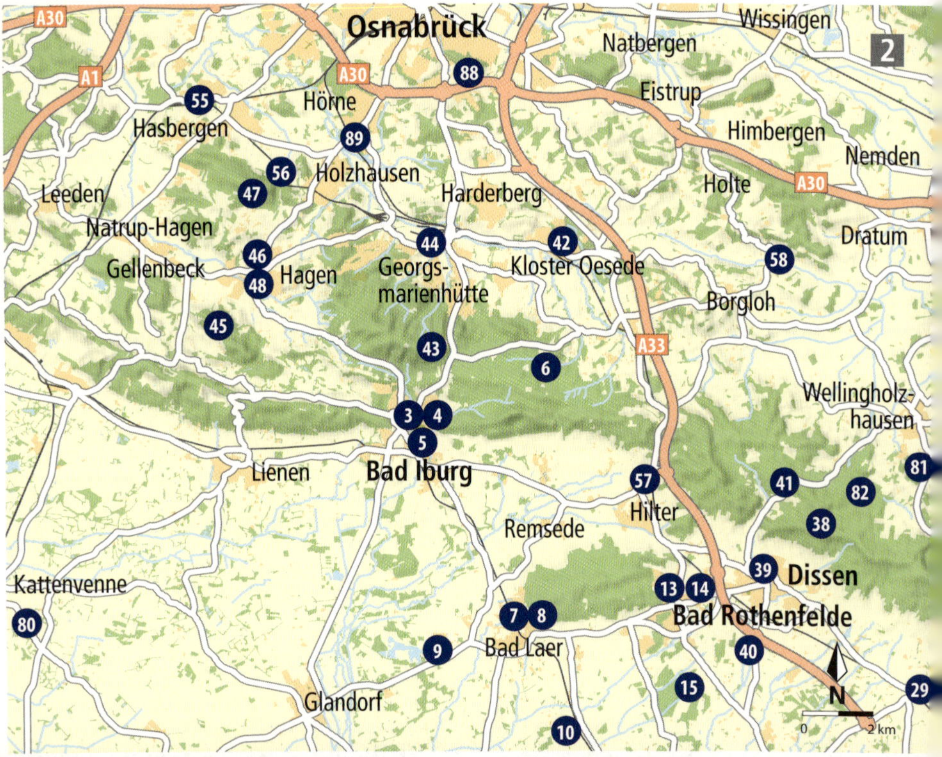
A30
Osnabrück
Wissingen
Natbergen
2
A1
A30
88
Eistrup
55
Hörne
Himbergen
Hasbergen
89
Nemden
56
Holzhausen
Holte
A30
Leeden
47
Harderberg
Natrup-Hagen
44
42
Dratum
46
58
Gellenbeck
48
Hagen
Georgs-
marienhütte
Kloster Oesede
Borgloh
45
43
A33
6
Wellingholz-
hausen
3
4
5
Lienen
Bad Iburg
57
81
41
82
Hilter
38
Remsede
39
Dissen
Kattenvenne
13
14
7
8
Bad Rothenfelde
80
40
9
Bad Laer
15
N
29
Glandorf
10
0
2 km

3
81
Neuenkirchen
Spenge
Enger
Herford
Theenhausen
25
27
28
26
Borgholzhausen
Werther
(Westf.)
Häger
29
24
Hesseln
107
110
109
108
Schröttinghausen
Vilsendorf
Theesen
Brake
51
Halle (Westf.)
50
52
53
111
Babenhausen
Milse
Baumheide
Hörste
49
54
Kirchdornberg
Bielefeld
A2
99
18
16
19
79
17
Kölkebeck
100
98
Oldentrup
Sieker
Quelle
Steinhagen
20
21
22
Hillegossen
N
Brockhagen
Brackwede
23
Lämershagen
0
2 km
Ummeln

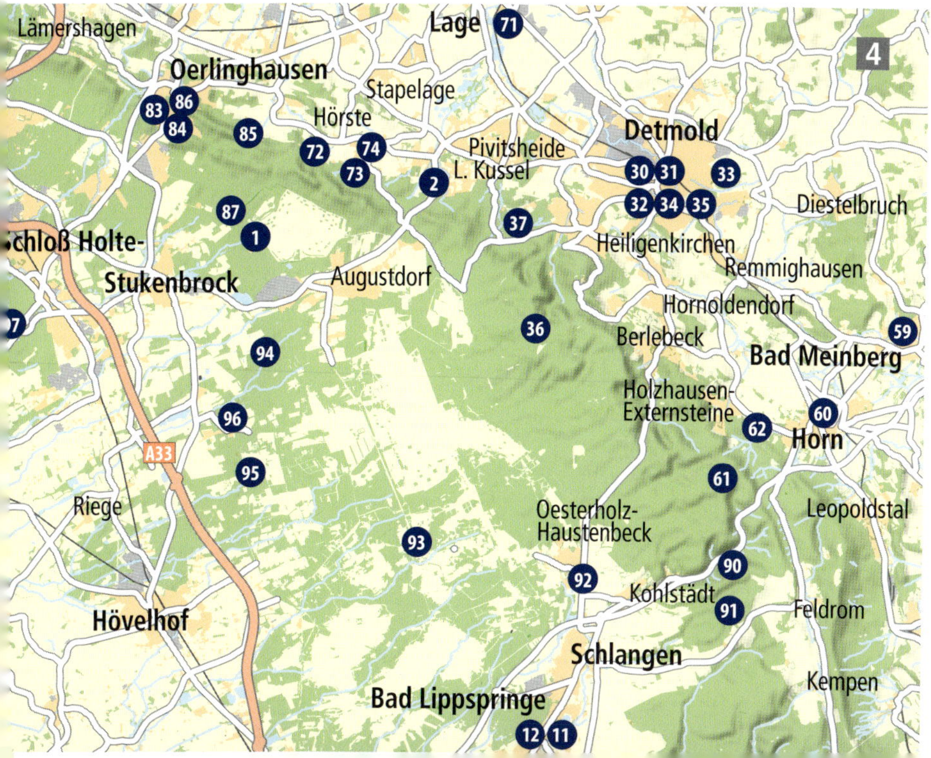
Lämershagen
Lage
71
4
Oerlinghausen
Stapelage
83
86
84
85
Hörste
72
74
73
Pivitsheide
L. Kussel
2
Detmold
30
31
33
32
34
35
Diestelbruch
87
1
37
Schloß Holte-
Stukenbrock
Augustdorf
Heiligenkirchen
Remmighausen
Hornoldendorf
36
Berlebeck
59
Bad Meinberg
94
Holzhausen-
Externsteine
60
62
Horn
96
A33
95
61
Leopoldstal
Riege
Oesterholz-
Haustenbeck
93
90
92
Kohlstädt
91
Feldrom
Hövelhof
Schlangen
Kempen
Bad Lippspringe
12
11

Dorothee Fleischmann,
Carolina Kalvelage
**111 Orte in Budapest, die man gesehen haben muss**
ISBN 978-3-95451-744-2

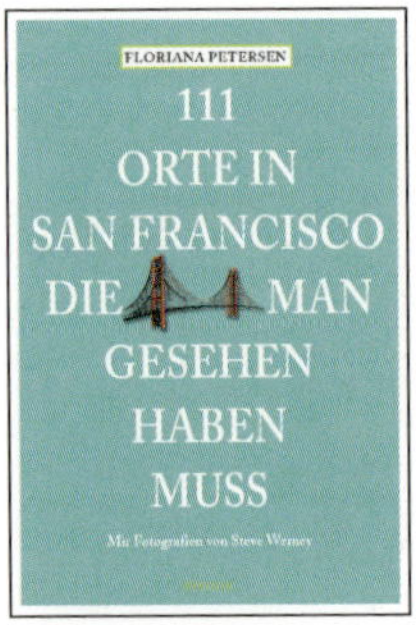


Floriana Petersen
**111 Orte in San Francisco, die man gesehen haben muss**
ISBN 978-3-95451-750-3

Andrea Livnat,
Angelika Baumgartner
**111 Orte in Tel Aviv, die man gesehen haben muss**
ISBN 978-3-95451-703-9

Oliver Schröter, Falk Saalbach
**111 Orte in Zürich, die man gesehen haben muss**
ISBN 978-3-95451-538-7

Cornelia Lohs
**111 Orte in Bern, die man gesehen haben muss**
ISBN 978-3-95451-669-8

Giulia Castelli Gattinara,
Mario Verin
**111 Orte in Mailand, die man gesehen haben muss**
ISBN 978-3-95451-617-9

Cornelia Ziegler,
Chris Sindermann
**111 Orte auf Kreta, die man gesehen haben muss**
ISBN 978-3-95451-540-0

Dorothee Fleischmann,
Carolina Kalvelage
**111 Orte an der Costa Brava, die man gesehen haben muss**
ISBN 978-3-95451-561-5

Jo-Anne Elikann
**111 Orte in New York, die man gesehen haben muss**
ISBN 978-3-95451-512-7

Ralf Nestmeyer
**111 Orte an der Côte d'Azur, die man gesehen haben muss**
ISBN 978-3-95451-563-9

Thomas Fuchs
**111 deutsche Biere, die man getrunken haben muss**
ISBN 978-3-95451-414-4

Rüdiger Liedtke, Laszlo Trankovits
**111 Orte in Kapstadt, die man gesehen haben muss**
ISBN 978-3-95451-456-4

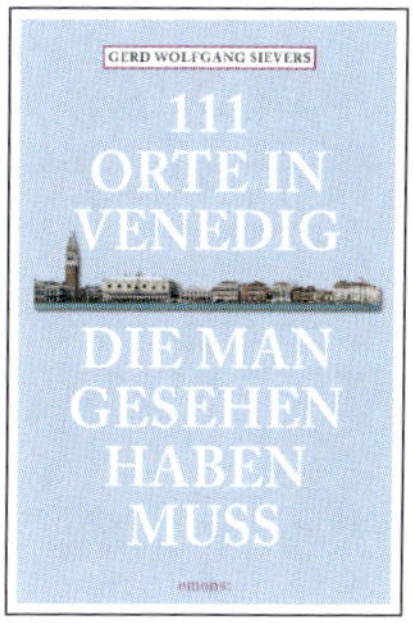


Gerd Wolfgang Sievers
**111 Orte in Venedig, die man gesehen haben muss**
ISBN 978-3-95451-352-9

Eckhard Heck
**111 Orte in Maastricht, die man gesehen haben muss**
ISBN 978-3-95451-368-0

Petra Sophia Zimmermann
**111 Orte am Gardasee und in Verona, die man gesehen haben muss**
ISBN 978-3-95451-344-4

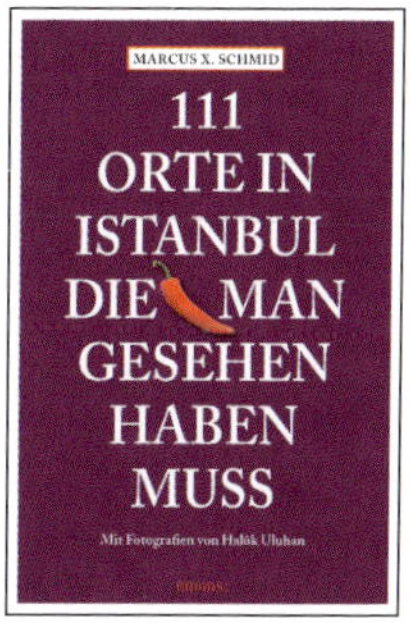


Marcus X. Schmid, Halûk Uluhan
**111 Orte in Istanbul, die man gesehen haben muss**
ISBN 978-3-95451-333-8

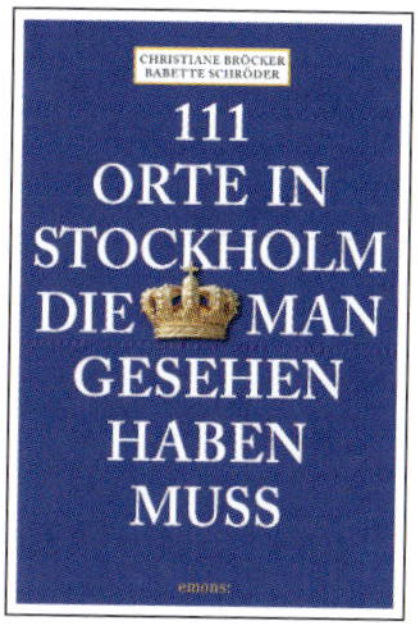


Christiane Bröcker, Babette Schröder
**111 Orte in Stockholm, die man gesehen haben muss**
ISBN 978-3-95451-203-4

Gerald Polzer, Stefan Spath
**111 Orte im Salzkammergut, die man gesehen haben muss**
ISBN 978-3-95451-231-7

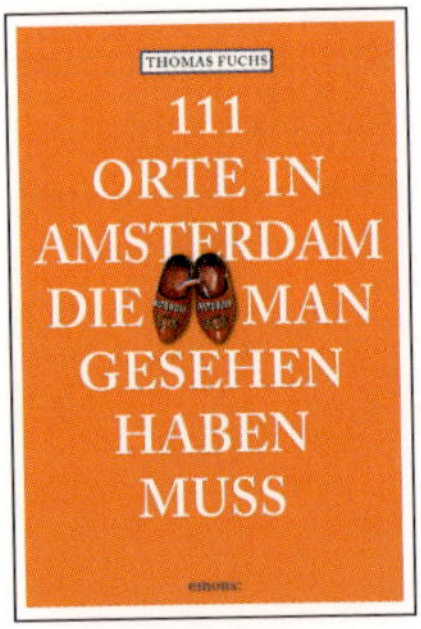


Thomas Fuchs
**111 Orte in Amsterdam, die man gesehen haben muss**
ISBN 978-3-95451-209-6

Annett Klingner
**111 Orte in Rom, die man gesehen haben muss**
ISBN 978-3-95451-219-5

John Sykes, Birgit Weber
**111 Orte in London, die man gesehen haben muss**
ISBN 978-3-95451-117-4

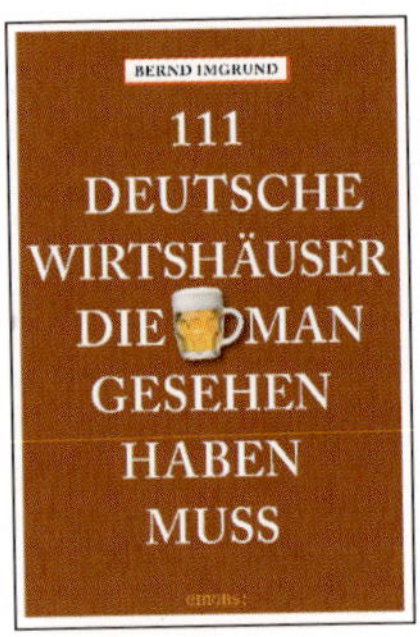


Bernd Imgrund
**111 deutsche Wirtshäuser, die man gesehen haben muss**
ISBN 978-3-95451-080-1

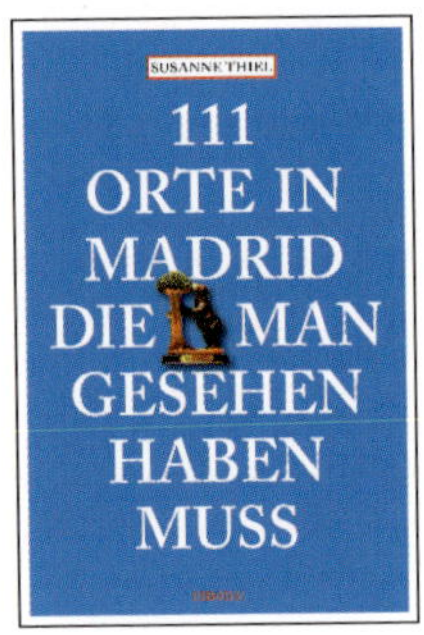


Susanne Thiel
**111 Orte in Madrid, die man gesehen haben muss**
ISBN 978-3-95451-118-1

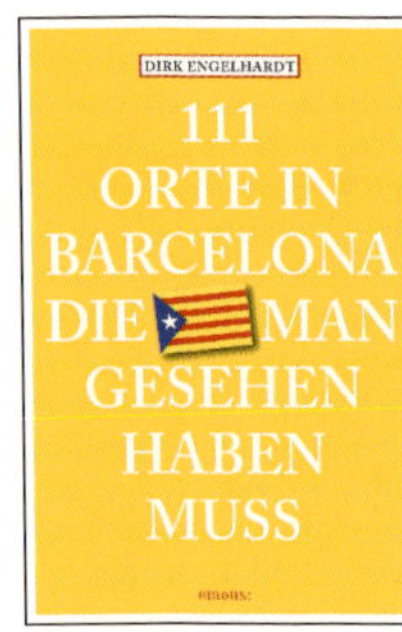


Dirk Engelhardt
**111 Orte in Barcelona, die man gesehen haben muss**
ISBN 978-3-95451-066-5

Stefan Spath
**111 Orte in Salzburg, die man gesehen haben muss**
ISBN 978-3-95451-114-3

Ralf Nestmeyer
**111 Orte in der Provence, die man gesehen haben muss**
ISBN 978-3-95451-094-8

Peter Eickhoff, Karl Haimel
**111 Orte in Wien, die man gesehen haben muss**
ISBN 978-3-89705-969-6

Barbara Krull
**111 Orte im Elsass, die man gesehen haben muss**
ISBN 978-3-95451-596-7

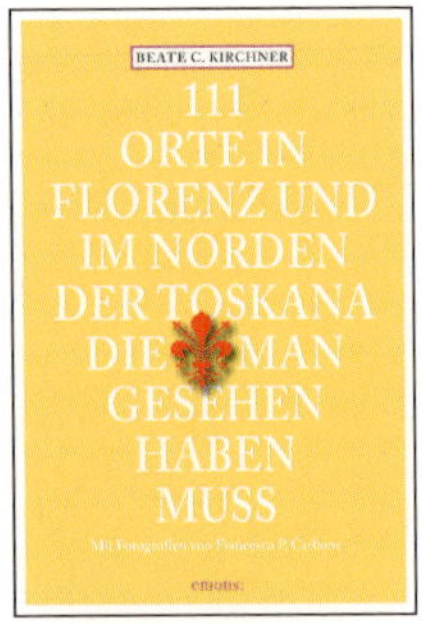


Beate C. Kirchner
**111 Orte in Florenz und im Norden der Toskana, die man gesehen haben muss**
ISBN 978-3-95451-513-4

Sina Beerwald
**111 Orte auf Sylt, die man gesehen haben muss**
ISBN 978-3-95451-511-0

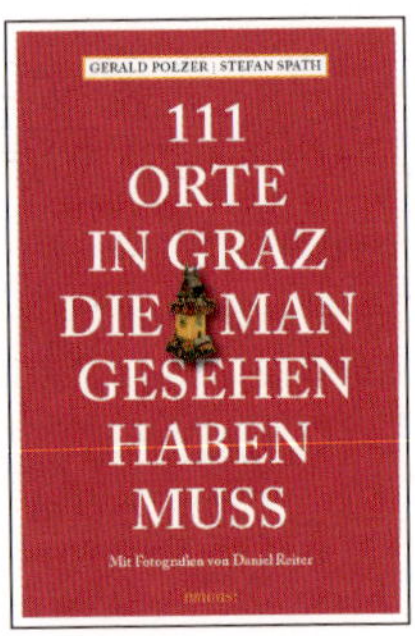


Gerald Polzer, Stefan Spath
**111 Orte in Graz, die man gesehen haben muss**
ISBN 978-3-95451-466-3

Gerd Wolfgang Sievers
**111 Orte der Wiener Küche, die man erlebt haben muss**
ISBN 978-3-95451-337-6

Rüdiger Liedtke
**111 Orte in München, die man gesehen haben muss**
Band 2
ISBN 978-3-95451-043-6

Rüdiger Liedtke
**55 ½ Orte rund ums Oktoberfest, die man gesehen haben muss**
ISBN 978-3-95451-370-3

Annett Klingner
**55 ½ Orte im Vatikan, die man gesehen haben muss**
ISBN 978-3-95451-699-5

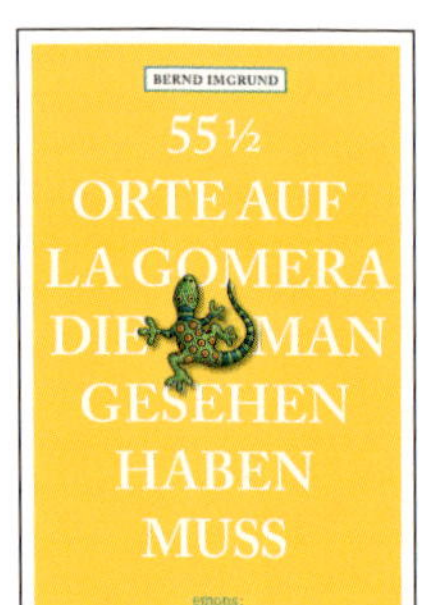


Bernd Imgrund
**55 ½ Orte auf La Gomera, die man gesehen haben muss**
ISBN 978-3-95451-700-8

Paul Stänner
**111 Orte im Münsterland, die man gesehen haben muss**
ISBN 978-3-95451-116-7

Alexandra Schlennstedt, Jobst Schlennstedt
**111 Orte in der Lüneburger Heide, die man gesehen haben muss**
ISBN 978-3-95451-844-9

Erwin Ulmer
**111 Orte an der oberen Donau, die man gesehen haben muss**
ISBN 978-3-95451-494-6

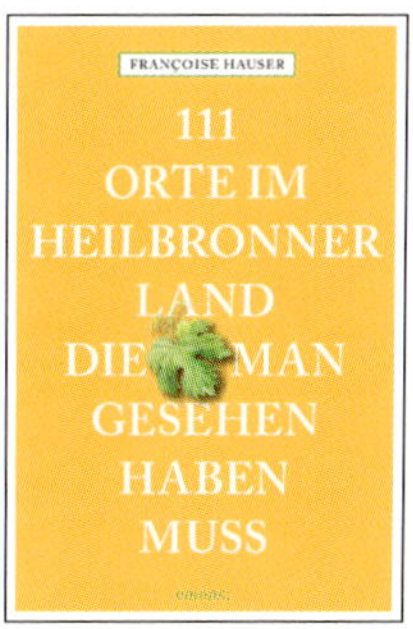


Françoise Hauser
**111 Orte im Heilbronner Land, die man gesehen haben muss**
ISBN 978-3-95451-842-5

Robert Zsolany
**111 Orte auf Ibiza und Formentera, die man gesehen haben muss**
ISBN 978-3-95451-831-9

Jochen Reiss
**111 Orte im Fünfseenland, die man gesehen haben muss**
ISBN 978-3-95451-851-7

Dietmar Hoos, Susanne Hoos
**111 Orte in Kassel, die man gesehen haben muss**
ISBN 978-3-95451-854-8

Carsten Sebastian Henn
**111 deutsche Weine, die man getrunken haben muss**
ISBN 978-3-95451-465-6

Olaf Jansen
**111 Kölner Fußballorte, die man gesehen haben muss**
ISBN 978-3-95451-850-0

Einen herzlichen Dank an alle, die dazu beigetragen haben, dieses Buch zu realisieren. Ganz besonders danke ich meinem Vater, der mich oft und stets mit unermüdlichem Einsatz auf den zum Teil spektakulären Abenteuerfahrten durch den Teutoburger Wald begleitete. Ich danke Estelle Switala, Gabriele Türr und Justyna Sharif, die mit mir auch in den entlegensten Winkeln des Waldes ihre Wanderschuhe schnürten. Dr. Anja Oetmann-Mennen, Werner Friedrich und Roland Linde danke ich für ihre Unterstützung und die zahlreichen hilfreichen mir zur Verfügung gestellten Informationen. Einen herzlichen Dank auch an Inge Becher, Stefanie Müller, Maria Plet, Ursula Plogmann, Marie-Luise und Günter Barisch, Stefan Donhauser, Wolfhart Kansteiner, Rolf Kötterheinrich, Daniel Lühr, Erhard Piech, Rainer Rüling, Volker Trieb, Ronald van Zijp, Wolf von Dallwitz und all die unbekannten netten Menschen, die unterwegs meine Wege kreuzten.

**Zu den Fotos:**
Die meisten Fotos in diesem Buch habe ich selbst aufgenommen. Denjenigen, die für dieses Buch ein Foto zur Verfügung stellten (siehe Seite 2), ebenfalls ein herzliches Dankeschön!

*Der Autor*

**Ingo Stock** wurde 1968 im ostwestfälischen Lemgo geboren und unternimmt seit Kindertagen Entdeckungstouren im Teutoburger Wald. Der promovierte Diplom-Biologe arbeitet seit 2001 als freiberuflicher Wissenschaftsautor für nationale und internationale medizinische Fachzeitschriften. Seit 2010 publiziert der passionierte Naturliebhaber und Hobbyfotograf auch Reiseerlebnisbücher.